AU PAYS DES ÉTAPES

NOTES

D'UN

LÉGIONNAIRE

PAR

CH. DES ÉCORRES

—

1892

Illustrations

de

BAIONNETTE

PARIS ET LIMOGES

Henri CHARLES-LAVAUZELLE

ÉDITEUR

Librairie militaire Henri Charles-Lavauzelle

Paris, 11, place Saint-André-des-Arts.

SOUVENIRS DE SAINT-MAIXENT, par Ch. des Ecorres, préface de Théo-Critt; illustrés de nombreuses gravures dans le texte et hors texte, de Baïonnette et Astier. — Volume in-18 de 256 pages. 3 50

ESQUISSES DE LA VIE MILITAIRE EN FRANCE, *Souvenirs de Saint-Cyr* 1re année, par A. Teller. — Volume in-18 de 252 pages...... 3 »
2e année, avec de magnifiques gravures dans le texte. — Volume in-18 de 288 pages.................... 3 50

CARNET D'UN ARTILLEUR, *Péchés d'Ecole!* par Etoupille. — Vol. in-18 de 226 pages.................... 3 50

CARNET D'UN ARTILLEUR, *En batterie!* par le même. — Volume in-18 de 252 pages.................... 3 50

AVENTURES DE TROIS CANONNIERS, recueillies par un quatrième, par P. Noël. — Volume in-18 de 338 pages............ 3 »

PÉCHÉS DE GARNISON, par E. T. — Volume in-18 de 364 pages.. 3 »

NOUVEAUX PÉCHÉS, par le même — Volume in-18 de 250 pages. 3 50

L'ECUYER MAGNÉTISEUR, par le même. — Vol. in-18 de 352 pages 3 »

CONTES D'AMOUR ET DE BIVOUAC, par Ch. de Bys, illustrés par de nombreuses gravures hors texte. — Volume in-18 de 276 pages. 3 50

LE LIEUTENANT MAUCLERC, par Pierre LEHAUCOURT. — Volume in-18 de 220 pages..... 3 »

Nouvelles. — LE CURÉ COLONEL (historique); DIEU ME PROTÈGE; L'INVENTEUR DE LA POUDRE (Mario Montfalcone), par Paul FÉVAL fils. — Volume in-18 de 144 pages.................... 2 »

OURIDA, par le cheik SI HABIL KLARIN M'TA EL CHOTT. — Volume in-18 de 316 pages.......... 3 50

LE MOULIN DE LAUTERBOURG, par Albert Monniot. — Volume in-18 de 244 pages.................... 3 »

FRATERNITÉ, par L. des Bouffioles. — Roman philosophique, social et militaire, couronné par la Société d'encouragement au bien. — Volume in-18 de 176 pages.................... 2 50

LA FILLE DU LIEUTENANT, traduit de l'anglais par G. Herbignac. — Volume in-18 de 430 pages.................... 3 50

LA LANGUE VERTE DU TROUPIER, avec préface de M. Raoul Bonnery, membre de la Société des Gens de lettres. — Brochure in-18 de 92 pages.................... 2 »

MI AIME A VOUS. — DANS LE MIDI. — SOUS LES HORTENSIAS. — FANFRELUCHE ET BEAUCOUSET, par Joseph Maire. — Volume in-18 de 292 pages 3 50

BOURSE PLATE, par le même. — Volume in-18 de 364 pages...... 3 50

MADAME LA PRÉFÈTE, par le même. — Volume in-18 de 236 pages. 3 »

LES VOYAGES MERVEILLEUX DE JACQUES VERNOT, par A. Teller. — Volume in-18 broché de 360 pages.................... 3 50

LES SAINT-CYRIENNES, poésies, par Fernand Bernard, avec de splendides gravures dans le texte et hors texte. — Vol. in-18 de 216 p. 3 50

REISCHOFFEN, poésie, par Gaston Armelin, ayant obtenu le 1er prix au concours littéraire du Centre — Brochure in-8o de 16 pages. » 50

STANCES D'UN VOLONTAIRE, par Paul de Tournefort. — Poésies patriotiques, honorées d'une souscription du ministère de la guerre. — Brochure in-8o de 36 pages .... 1 »

LES FREDONS, poésies, par Alexandre Vallet. — Vol. de 136 p.. 3 »

Au Pays des Etapes

TOUS DROITS RÉSERVÉS

Ch. DES ECORRES

AU PAYS DES ÉTAPES

NOTES D'UN LÉGIONNAIRE

ILLUSTRATIONS DE BAIONNETTE

PARIS	LIMOGES
11, Place Saint-André-des-Arts.	46, Nouvelle route d'Aixe, 46

IMPRIMERIE ET LIBRAIRIE MILITAIRES

Henri CHARLES-LAVAUZELLE

ÉDITEUR

1892

OUVRAGES DU MÊME AUTEUR :

Expéditions autour de ma tente, chez Plon, Nourrit et C⁰.
— 1 volume, 3 fr. 50.

Souvenirs de Saint-Maixent (Illustrations de Baïonnette), chez Henri Charles-Lavauzelle (7ᵉ édition). — 1 volume, 3 fr. 50.

EN PRÉPARATION :

Nos Chasseurs alpins. (Illustrations de Baïonnette.)
L'Officier d'infanterie chez lui. (Illustrations de Baïonnette.)

A THÉO CRITT

Je vous dédie ce livre, mon cher ami.

Vous avez dit la vie de l'officier, ses amours, ses joies, ses tristesses, ses émotions patriotiques, ses mondanités élégantes, ses frivolités, ses mesquineries potinières, ses déceptions amères, que le bon ton recouvre toujours d'un voile discret.

Je dis ici la rude vie du soldat dans le rang, avec son langage, ses brutalités, ses rancœurs, ses grosses et naïves gaîtés, ses brusques élans, ses défaillances, ses généreuses aspirations, son égoïsme dans la misère, ses dévouements spontanés.

Ce sont des notes éparses jetées sans cohésion au hasard des marches.

Elles n'ont qu'un mérite, c'est d'être sincères au jour le jour.

Ch. des Ecorres.

Août 1891.

Notes d'un Légionnaire

Il était neuf heures du matin.

Je prenais tranquillement mon café, en lisant le livre du moment.

Soudain, un violent coup de sonnette résonne à ma porte.

— Bon ! un gêneur, m'écriai-je, fort ennuyé.

Car, ici, dans ma petite ville de province où la paresse et la tranquillité se complaisent dans de longs sommeils, la nuit, et dans de molles siestes, le jour, rien n'est laissé au hasard, tout aboutit à une monotonie exquise.

Ce carillon à ma porte, à pareille heure, n'était pas dans le train quotidien, détonnait dans mes habitudes.

J'allais défendre de recevoir, mais on me prévint en me présentant une carte sur laquelle je lisais le nom d'un de mes plus vieux amis du régiment.

Je me précipite dans ses bras, et, en une longue étreinte, nous oublions les années qui viennent de s'écouler, séparant nos deux amitiés.

Retour du Tonkin, il était lieutenant, bien campé dans un dolman de turco, les jambes perdues dans l'irrésistible et immense culotte de l'officier d'Afrique.

Parti légionnaire, il revenait turco, avec la croix et une brochette de décorations exotiques d'un fort bel effet.

**

Deux heures durant, nous vécûmes le passé, évoquant nos misères communes et nos joies toujours si grandes mais si rares, nous communiquant nos projets et nos espérances, et, apprenant que je faisais parfois des livres, il me passa ses notes de campagne, que je soumets ici au lecteur.

Elles s'adressent aux jeunes comme aux anciens. Tous y trouveront des souvenirs, des aspirations et, peut-être, des regrets de n'avoir jamais été soldats.

Car le métier militaire a cela de particulier de plaire à tout le monde. Ses misères et ses joies nous y attachent par toutes les fibres. En le quittant, on emporte au cœur des déchirures cruelles que le moindre écho du passé avive et que la mort seule guérit.

Les haines, les colères, le découragement, les révoltes intimes se succèdent chez le soldat avec de fréquentes éclaircies d'amour-propre satisfait, d'ambitions comblées ; mais ces passions fondent et disparaissent à l'instant suprême pour le laisser ferme et résolu en face du devoir envers la patrie.

Le sceptique, qui sourit de bonne foi à la lecture de ceci, sera étonné, au moment des épreuves, de découvrir en lui un foyer caché d'ardeurs patriotiques qu'une étincelle allume.

Et celui qui n'a jamais eu un fusil en main ne peut se défendre d'une profonde émotion à la vue du régiment qui passe drapeau en tête.

Mon camarade, dans ses notes, se chargera de démontrer une fois de plus la vérité de ces naïfs axiomes.

Je lui donne la parole.

Premières Impressions

Dès ma plus tendre enfance je voulais être soldat en France.

Mon voisin, un grand vieillard tout blanc, chauve comme un caillou, avec deux formidables moustaches dont les pointes lui caressaient les oreilles, me faisait frémir en me racontant ses campagnes du premier empire.

Je pleurais à chaudes larmes quand les Prussiens l'avaient sabré, je battais des mains avec frénésie quand les Français avaient eu le dessus, et le soir, au lit, les yeux fermés, je me voyais, grand, formidable, un pli terrible au front, un sabre sanglant à la main, entouré de cadavres et de blessés, combattant jusqu'à la mort pour la gloire et la patrie.

Mes rêves étaient pleins de coups de

canon, de fusillades, de charges à la baïonnette, de fumée épaisse, où flottait, triomphant, le drapeau de la France.

Sitôt levé, j'accourais auprès de mon vieil ami, qui recommençait ses récits héroïques.

* *

Plus tard, à l'école, je reçus en prix un livre illustré, où je voyais des batailles, des soldats français en marche et au bivouac.

Une des gravures me faisait pleurer de rage. Elle représentait un malheureux grenadier qu'un cavalier arabe traînait attaché à la queue de son cheval.

Un jour, pris de fureur je sauvai la vie au grenadier, en déchirant l'image, jetant l'Arabe au feu. Ainsi délivré, j'étais certain que mon fantassin pouvait s'en retourner rejoindre ses camarades.

*

Donc, en arrivant au Havre, à deux heures du matin, j'attendais avec impatience le moment où le soleil me permettrait de mettre pied à terre pour voir un soldat français.

Enfin l'horizon se colore peu à peu, le jour arrive et je débarque.

Sans renseignements, guidé par mon instinct, je flâne dans les rues, louvoyant de ci de là, cherchant à reconnaître par leurs dehors les grands bâtiments qui abritaient les héros de mes rêves.

Jusqu'à huit heures du matin, mes recherches furent vaines et je commençais à croire que le Havre n'avait pas de garnison, quand, soudain, au détour d'une rue étroite, je me trouve nez à nez avec un tourlourou pur-sang.

Dieu ! quel désenchantement !

Il paraissait fatigué, vanné, en proie à un malaise général qui le faisait zigzaguer.

Un shako monumental écrasait sa petite tête imberbe ; sa capote se tordait en plis nombreux sur son torse maigre ; ses bras, comme des antennes, se balançaient avec des mouvements lents, le long de ses cuisses ; ses pieds, immenses, pris dans d'incommensurables souliers, émergeaient d'un pantalon — deux fourreaux informes — qui s'arrêtait à la cheville.

Son pas lourd, sans cadence, faisait résonner le pavé d'un bruit mat, comme les coups de battoir d'une blanchisseuse fatiguée.

Le regard terne, la figure pâle, la bouche molle, tout l'ensemble banal et ahuri.

J'avais là devant moi un troupier français, mon rêve de quinze ans, le héros de mes épopées, le descendant de ces preux herculéens dont la légende avait soigneusement grandi chez moi les proportions homériques.

Comme un éclair surgissent dans mon

esprit des visions sublimes : les chevaliers sans peur et sans reproche, les vigoureux hommes d'armes, les dragons de sinistre mémoire, les fringants et braves mousquetaires, les vieux grenadiers de la garde impériale, les terribles soldats d'Afrique, les gais et insouciants zouaves de l'Alma, les fiers vaincus de 1870..... pour s'enfuir et s'éteindre, me laissant seul face à face avec mon pauvre petit fantassin.

Contraste ironique !

Je venais de quitter le soldat anglais, raide, bien sanglé dans sa veste rouge, une badine de dix-huit pouces à la main, une étroite jugulaire pinçant sa lèvre inférieure, fier, grave, ne riant jamais en dehors de la caserne, marchant toujours à la promenade comme à l'exercice, dédaigneux du passant, confit en sa vaniteuse morgue de la rue.

Le petit troupier marchait vers

moi. Je le croise en le dévisageant. Il se range timidement me laissant tout le trottoir.

Le misérable! pas même hardi, pas même insolent !

*
* *

Attristé, je me dirige vers la gare pour prendre le train de Paris.

Comme tout ce pays est beau ! un jardin continuel, pas une parcelle de terre inculte !

Partout des bois, des bosquets, des champs cultivés, d'élégantes maisons noyées dans la verdure, des fleurs, de jolis cours d'eau, encore des fleurs, toujours des fleurs.

Le train court à travers un paradis terrestre.

Mais comme tout me paraît mignon, petit, mièvre !

Les voitures du train sont minuscules, la locomotive est grêle, avec un sifflet qui crie comme un jouet d'enfant. La Seine, un fleuve, ressemble à une petite rivière d'Amérique; les bateaux qui la parcourent sont autant de chaloupes.

Les prés, les champs, les jardins, les bois sont grands comme des mouchoirs de poche.

Quelle différence avec nos rivières, nos lacs, nos forêts, nos prairies immenses!

Et les gigantesques palais à vapeur du

Saint-Laurent, du Mississipi, de l'Hudson !

Et les viaducs hardis, les pilotis titanesques de nos chemins de fer, les ponts grandioses, perchés sur des échasses pyramidales à travers nos larges et profonds cours d'eau.

*

J'arrive à Paris. Ici, autre désenchantement.

On m'avait tant vanté cette immense capitale que je fus tout naïvement étonné d'y voir des maisons comme partout ailleurs.

Il me fallut un bon mois pour me rendre compte de la beauté de la ville.

Ensuite quel enthousiasme toujours croissant !

Les Tuileries, le Louvre, les vieux monuments, les grands palais, les musées, l'Opéra, les théâtres, les hôtels de maître, les places publiques, les parcs, les Champs-Elysées, panorama merveilleux sans cesse renouvelé !

Et puis, au théâtre, quelles représentations, quels concerts, quels artistes en tous genres !

Exhibitions continuelles, musées, bals publics, fêtes de toutes sortes. Et ces boulevards, ces coquettes avenues, magasins somptueux, cafés et restaurants, vie intense et continuelle de jour et de nuit !

Jamais une minute de trêve, toujours la fièvre de vivre, la rage du mouvement, à peine le temps de dormir un peu sur vingt-quatre heures.

Dans les journaux, les mieux rédigés du monde entier, chaque matin, chaque soir, les annonces de réjouissances toujours nouvelles, où les plus grands artistes en tous genres travaillent de concert.

Chez les éditeurs, chez les libraires, tous les jours, les nouveautés piquantes du roman, de l'histoire, de la poésie, des arts et des sciences.

※
※ ※

Pendant des mois, ce fut pour moi un rêve, un enchantement continu.

J'oubliais tout, me laissant aller à la dérive d'un bonheur longtemps désiré et complètement satisfait; et j'étais pourtant venu en France pour être soldat !

Un matin, par hasard, lisant un journal, mon regard s'arrête sur l'annonce d'une grande revue à Longchamps.

Un remords me prend. Allons voir ça, me dis-je, avec une légère arrière-pensée.

Le petit troupier du Havre traînait toujours dans mes souvenirs. Aussi, ses grandes antennes endolories, ses quilles paresseuses, sa figure imberbe, son regard terne, ses gros souliers et son immenses shako m'avaient laissé une trop pénible impression.

Je me dirige sans enthousiasme vers l'immense champ où le ministre de la guerre devait passer sa revue.

Arrivé des premiers, j'avais pris place

en avant, et je pouvais tout à mon aise voir manœuvrer l'infanterie, la cavalerie, l'artillerie et toutes les armes.

Changement à vue !

Le fantassin pris individuellement fait assez maigre figure devant un étranger, mais en masse il est superbe. Pantalon dans les guêtres, jugulaire sous le menton, marchant allègrement à la cadence d'une musique animée, ce n'est plus le même homme.

Un air crâne règne sur chaque rang, les jarrets sont tendus, les yeux sont brillants, les armes sont bien placées, l'alignement est parfait.

C'était un spectacle émouvant pour un dilettante militaire.

Mes poumons se dilataient de plaisir, et le fantassin du Havre s'évanouissait peu à peu pour ne plus laisser bientôt dans mon esprit que la trace lointaine d'un mauvais rêve.

Quelle élasticité dans ce défilé ! Quelle belle attitude des soldats et des officiers !

Quelle marche leste et nerveuse ! Quelle correction dans les alignements !

J'étais absolument ravi.

Mais ce fut bien autre chose quand vint la cavalerie.

Grands gaillards, gonflés de muscles et de sang, carrément assis sur des bêtes superbes, tenant immobiles à la main des lattes éblouissantes au soleil, coiffés de casques métalliques aux mille reflets, dont les crinières flottantes fouettaient les reins robustes, j'avais là, devant moi, défilant au trot, la garde républicaine, cette troupe d'élite qui fait l'admiration de tout étranger.

Ils étaient suivis de près par les cuirassiers, les chasseurs, les hussards, les dragons.

C'était du délire partout.

Puis vint l'artillerie.

Chaque ligne de batterie passait devant moi avec la rectitude d'un cordeau tendu, essieu contre essieu, roulant avec un fracas de tonnerre, conversant aux angles sans une courbe, et partant toujours à fond de train dans une autre direction, se succédant sans cesse : un éblouissement de rigidité mécanique.

Bravo ! bravo ! Je battais des mains, des pieds, du cœur, de tout mon être, criant ma joie et mon enthousiasme.

Le soir, en me couchant, j'en étais malade.

*　*　*

Alors, la capitale me parut vide, la passion militaire m'avait repris tout entier et, quinze jours après, j'étais soldat en Afrique, à la légion étrangère.

Depuis, je n'ai rien regretté, rien oublié, et j'espère bien que mes applaudissements du début se changeront un jour en cris de victoire.

Débuts

Je viens de signer mon engagement. Depuis une heure, je suis soldat à la légion étrangère.

Pourquoi à la légion étrangère ? Je me le demande avec tristesse, car il me semble pourtant que je suis bien Français.

Pas une goutte de sang étranger dans mes veines : ma mère, originaire de Dieppe, et mon père, de Saint-Malo. Breton et Normand, cela me paraît assez français cependant.

Tant pis ! J'ai été semé et cultivé en Amérique, cela suffit pour me reléguer avec les étrangers.

Patience ! Je saurai bien être Français un jour.

* * *

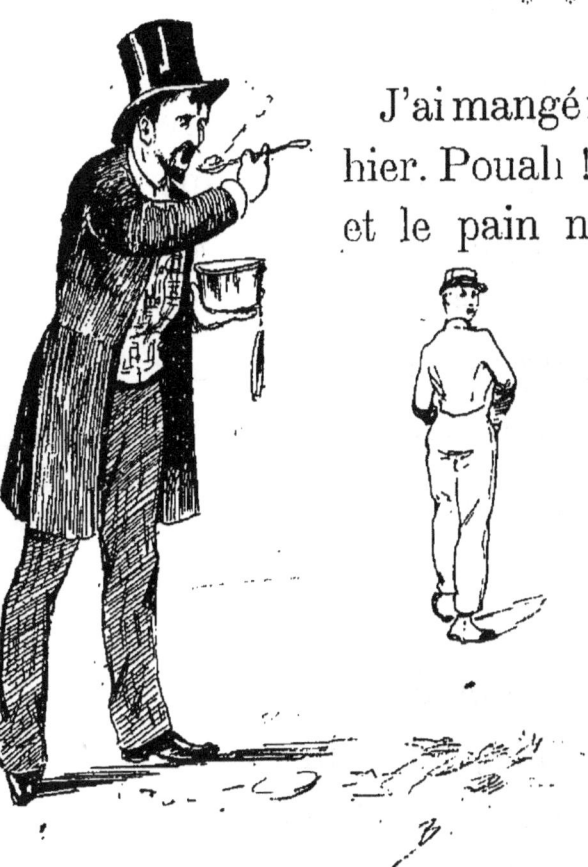

J'ai mangé ma première soupe hier. Pouah ! ce n'est pas bon, et le pain non plus. Mais on s'y habitue, paraît-il. Je l'espère.

Mon chapeau haute forme et ma redingote font mauvaise impression sur les casquettes et les blouses de mes nouveaux camarades. On a un peu l'air de me mettre au rancart.

Hier soir, j'étais triste en face de mon lit ; il ressemblait à un cerceuil. C'était dans ma note. En disant, l'autre jour, adieu à Marie, j'abandonnais tout.

Crédié ! c'est dur de tout lâcher ainsi à mon âge.

Je pars ce soir pour Marseille.

C'est un gros sergent-major de chasseurs à pied qui vient de m'apprendre cette nouvelle, en me remettant une feuille de route, un franc vingt-cinq par jour et le prix de mon passage.

Un franc vingt-cinq par jour, ce n'est pas le diable, mais avec cela on ne crève pas de faim.

**

Je suis à Marseille depuis trois jours.

C'est une belle ville, avec un vieux port qui ne sent pas bon et quelques beaux monuments, autant que j'ai pu m'en rendre compte dans mon rapide passage; car, à notre arrivée, nous trouvions à la gare un jeune caporal, plein de cris et d'ardeur, qui nous cueillait au débotté pour nous conduire dans la plus infecte des casernes.

J'y couchai sur trois planches avec des punaises.

Aujourd'hui, je suis au fort Saint-Jean. C'est une vieille masure décrépite dont les murs suintent l'ennui et l'humidité.

On nous a montré notre dortoir, où gisent des paillasses noires de toutes les crasses cosmopolites, parmi lesquelles se recrute la légion étrangère.

J'ai choisi un banc.

Il y a trois jours, je m'embarquais à la gare de Lyon à Paris.

J'étais réellement le seul homme à peu près propre de la bande. Vingt-quatre heures dans un compartiment de troisième; et sept compagnons qui tonnent la *Marseillaise* avec intermèdes d'estomacs qui se vident, accompagnements de hoquets odorants, jurons et cris exotiques, autant de démonstrations qui m'ont un peu refroidi.

Demain nous nous embarquons pour Oran. Trois jours et deux nuits à la belle étoile sur le pont.

Décidément j'ai hâte d'avoir un fusil, car mon enthousiasme se relâche sensiblement.

* *

Enfin, j'y suis. Ouf! ce n'est pas trop tôt. Une mer affreuse, nos ventres vides comme nos goussets, de la mauvaise humeur partout, autant de bonnes raisons qui ne me font pas regretter le bateau.

Au quai, un sergent qui nous masse comme un troupeau, et en route pour le petit dépôt où l'on nous met sous clef.

Les jours suivants, trois étapes jusqu'à Bel-Abbès.

Le chapeau haute forme, la redingote et les bottines fines, ça ne vaut rien pour marcher.

Nous voilà arrivés.

La caserne est magnifique et très propre. Nous couchons dans de bons lits. Mon enthousiasme monte d'un cran.

Au jour, je suis habillé, numéroté, classé, parqué. C'est fini, je suis soldat.

Maintenant, à l'œuvre! Cherchons bien ce bâton de maréchal dans ma giberne.

* *

Je suis élève-caporal.

Mon sergent-major et mon capitaine viennent de me l'apprendre en me disant que j'étais intelligent.

Tant mieux.

Je ne fais plus de faction. Je monte la garde comme chef de poste de trois hommes.

C'est un début qui me flatte.

Je m'exerce à prendre le ton du commandement.

Dernièrement, j'écopai de quatre jours de consigne pour avoir conduit ma troupe en désordre, à travers la ville: un de mes hommes n'était pas aligné.

Depuis, je suis d'une sévérité extrême.

*　*　*

Nous avons commencé les marches militaires.

Je n'aurais jamais cru que marcher fût si pénible. Ce sont surtout les pieds qui trinquent.

Et puis, l'emploi de la chaussette est un art utile, dont il faut savoir saisir les nuances.

En arrivant au corps, j'étais possesseur de quelques paires de chaussettes en fil, avantage appréciable sur la plupart de mes camarades.

Les premiers jours, on manœuvrait aux environs de la caserne, et ça n'allait pas très mal.

Mais vinrent les marches militaires.

A la première pause, une douleur inquiétante se faisait sentir à l'extrémité de ma chaussure; à la deuxième, cette douleur avait considérablement augmenté ; à la dernière, je jurais comme un charretier.

— Voyons cela, me dis-je, avec appréhension.

J'enlève ma chaussure. Hélas ! des ampoules, des cloches partout.

Mes chaussettes — deux boudins — s'étaient massées au bout de mes souliers.

Je répare un peu les dégâts, et au retour j'éprouvais les sensations peu commodes d'un condamné qui marche sur des pois, des rasoirs, des paquets d'aiguilles, des charbons ardents.

*　*　*

En entrant dans la chambre, trop fier pour me plaindre, mais assez humain pour souffrir, je confie discrètement mes peines à un ancien qui me donne d'excellents conseils pratiques :

— La chaussette ordinaire, dit-il, c'est de la blague, mais la chaussette russe, c'est *rupin*. Prends une vieille chemise...

Bien. Déchire-la maintenant en carrés de trente centimètres... C'est ça. Ouvre l'œil maintenant.

Et il étale soigneusement les chiffons sur un banc, pose son pied dessus, dans le sens de la diagonale, en ramène un angle sur les orteils, puis le côté droit et le côté gauche, en évitant avec soin tout repli dans l'opération.

Il fourre ensuite le tout dans son godillot.

— Maintenant, donne tes pieds et ne bougeons plus.

Il prend une aiguille et du fil, perce sans sourciller toutes les cloches et laisse le fil dans la plaie qu'il graisse d'un peu de suif de chandelle.

Me voilà soldat pour tout de bon.

Qui m'aurait dit cependant qu'il me faudrait un jour déchirer une vieille chemise pour marcher à l'aise?

※
※ ※

Je suis secrétaire de la place depuis une quinzaine.

Mes nouvelles fonctions consistent à écrire deux lignes par jour sur un grand registre, à plier en triangle et à adresser les billets de service aux officiers et sous-officiers de ronde et de visite de jour, à tracer des rapports pour les chefs de poste et à ouvrir les boîtes aux marrons.

L'officier de place est très satisfait de moi. Il veut à tout prix me faire passer caporal pour mes étrennes. La preuve, c'est qu'il a dit l'autre jour à mon capitaine que j'étais très intelligent.

Encore !

Caporal

Certes, ce n'est pas un rêve. Ils sont réellement sur ma manche. Depuis deux jours, ils me font loucher à chaque pas.

Et le soir, en me couchant, j'accroche ma veste bien en vue et, jusqu'à l'extinction des feux, j'en repais mon œil sans le rassasier.

Je les ai donc enfin, ces deux fameux galons de laine rouge. Ça fait rudement plaisir.

*
* *

J'ai été nommé dans un bataillon détaché. En attendant mon départ, je suis chef de chambrée des subsistants.

Ici, au régiment, les engagements étant illimités, les libérations le sont de même.

Et le bataillon du dépôt reçoit tous les libérables pour les déshabiller et les mettre en route, chaque compagnie opérant pour les compagnies correspondantes des bataillons détachés.

L'autre jour, je recevais une vieille pratique, un Belge qui s'est engagé pour la guerre du Mexique et n'a jamais pu finir son premier congé. Quatorze ans de prison en huit condamnations différentes.

Enfin, il est libérable.

Il arrive au dépôt et, naturellement, il se soûle.

Le soir, c'était un chambard à tout casser dans la chambrée. Mon vieil ivrogne se prend de querelle avec un ancien copain de bagne et, sans mon intervention, il aurait joué du couteau.

Je n'hésite pas; j'attrape mon bonhomme, je le colle sur un châlit, le ficelle comme un boudin, lui fourre un piquet de tente entouré d'un mouchoir dans la bouche, et le laisse cuver là son ivresse dans des hurlements étouffés.

Le lendemain, je démaillotte mon loustic, qui me remercie cordialement de l'avoir sauvé de sa neuvième condamnation.

Pour un début, ça promet. Je vois que le métier de gradé n'est pas trop commode à la légion.

Dans tous les cas, mon vieux Belge est parti pour la Belgique.

Je lui souhaite de ne pas s'y faire pendre.

* *

Je viens d'être témoin dans un duel entre un caporal français, originaire de la Louisiane, et un Allemand.

Perrier, le Louisianais, avait été nommé caporal dans une compagnie où les Prussiens, comme partout, étaient en assez grand nombre.

Il fut placé dans une chambrée où couchaient une trentaine d'hommes, ayant pour chef le caporal Morsépius, soi-disant ancien *feld-webel* allemand déserteur, d'une taille colossale, tout en dedans.

Jamais un sourire sur cette figure morose, rayée d'énormes moustaches rousses.

Très attaché à son service, il était exact partout, correct envers ses hommes, impartial dans la distribution des corvées, un serviteur d'élite.

On le craignait beaucoup, car sa voix rude ne badinait jamais.

Après l'appel du soir, ne sortant pas de la caserne, il allumait une bougie dans son coin et, prenant un livre allemand, il s'y enfonçait jusqu'à l'extinction des feux, ne se laissant distraire par aucun bruit.

* *

Quand Perrier fut nommé caporal, Morsépius le reçut froidement sans lui tendre la main, lui indiquant d'un geste le coin de la chambre où il devait s'installer.

Perrier, frappé des manières de son nouveau camarade, ne put se défendre d'un certain sentiment subit de crainte mêlé de haine.

Pendant plusieurs semaines, les deux hommes s'observent sans se parler en dehors du service.

Ils se détestaient chaque jour davantage, et cela sans cause, instinctivement, antipathie mutuelle de deux physionomies.

*
* *

Un soir, Morsépius entre vivement, bouleverse son lit avec rage, jette son paquetage à bas avec des jurons allemands, où percent cependant, nets et clairs, les mots : « Cochons de Français ».

Perrier, assis sur son lit, bondit à cette insulte grossière et se présente, blême, devant Morsépius pour lui demander raison.

Celui-ci continue :

— Oui, cochons de Français, et je le répète ; ce n'est pas toi qui m'en empêcheras. On vient de me punir injustement et je saurai bien me venger.

Perrier, mis hors de lui par cette nouvelle injure, les dents serrées, les poings crispés, se précipite sur l'Allemand et lui crie à la figure :

— Toi, tu es un sale Prussien !

Il n'avait pas achevé sa phrase que Morsépius lui lançait sa main en pleine face.

Perrier pare le coup et riposte vivement.

L'Allemand roule par terre et se relève aussitôt pour se jeter sur son adversaire.

Celui-ci, quoique moins grand, est leste et habile. Il attend l'attaque sans broncher.

Mais les hommes de la chambrée interviennent de suite et séparent les deux caporaux.

Morsépius, le visage ensanglanté, profère des menaces de mort contre Perrier et jure par l'enfer de le tuer.

Le Louisianais, très calme maintenant, se contente de répondre :

— Nous verrons.

Ils allaient se mettre au lit, quand le sergent de semaine, attiré par le bruit de la rixe, entre dans la chambre.

Mis au courant de l'affaire, il conduit les deux caporaux à la salle de police.

*
* *

Assis sur le lit de camp de sa prison, Perrier repasse dans son esprit les événements rapides qui viennent de se dérouler, et une certaine inquiétude s'empare de lui en songeant qu'il lui faudra se battre avec Morsépius, un des plus forts à l'épée du régiment. Quoique sachant convenablement tenir un fleuret, il ne se sent pas de taille à lutter contre un tel adversaire.

Cette inquiétude se change peu à peu

en une espèce de peur, car, connaissant le caractère haineux de son camarade, il sait bien que l'affaire sera grave.

Et puis, c'est la première fois qu'il se battra.

La nuit se passe dans une insomnie fiévreuse.

Le matin, sortant d'une lourde torpeur, Perrier avait présent à l'esprit le souvenir d'un cauchemar où l'Allemand se dressait, colossal, la figure pleine de sang, penché sur lui, les deux mains vissées à son cou, cherchant à l'étrangler.

Alors une autre crainte le prend. Il a peur d'être lâche, de trembler au dernier moment.

Sautant à bas du lit de camp, il court à la cruche d'eau, se rafraîchit les mains et le visage, et, se promenant dans sa prison, il essaie de se raisonner.

Toute appréhension d'une issue fatale disparaissait peu à peu, mais il craignait par dessus tout de perdre courage sur le terrain.

*
* *

Le caporal de garde le trouve dans cet état et, souriant, le plus naturellement du monde, après lui avoir dit quelques mots indifférents, il allait sortir, quand se ravisant :

— Tu sais, c'est pour une heure avec Morsépius.

A ces mots, Perrier se sent défaillir. Sa respiration s'arrête brusquement, avec un heurt violent à la poitrine.

Il reste ainsi quelques instants en proie à une émotion intense avec des envies vagues de se sauver n'importe où. Puis une brusque réaction se produit.

Tous sentiments d'anxiété disparaissent dans une soudaine résolution pour faire place à un grand calme, à une joie réelle d'en finir.

— Enfin, c'est pour une heure, nous allons bien voir !

Et il attend avec impatience le moment de la rencontre.

A midi et demi, le caporal de garde revient de nouveau pour faire sortir Perrier.

Dans la cour, il voit Morsépius, la figure tuméfiée du coup de la veille, qui s'avance vers lui et lui dit tout bas:

— Tu sais, je ne te manquerai pas.

Impassible devant une menace aussi inconvenante, Perrier se contente de sourire nerveusement et détourne la tête, regardant ses témoins, qui causent avec animation, et le maître d'armes, très calme, la pipe à la bouche, qui porte les fleurets dans un fourreau de serge verte.

Tous se mettent en route.

※
※ ※

Arrivés au bastion, les groupes se forment, les caporaux se déshabillent et prennent position.

On engage le fer.

Perrier, les nerfs calmés, surveille froidement son adversaire et attend.

Morsépius, aveuglé par la colère, confiant en sa grande supériorité à l'escrime, donne à fond, se fend plusieurs fois sans résultat, épuisant en quelques minutes son adresse, ses forces et ses feintes.

Peu à peu, son visage blémit. Il faiblit visiblement en face du sang-froid du Louisianais.

Son front ruisselle, sa main devient incertaine, ses attaques mollissent, ses parades sont flasques, et au moment où il se fend une dernière fois, Perrier pare, riposte enfin avec sûreté et lui perce le poumon droit.

L'Allemand crie : « Touché! » lâche son arme et tombe.

On le relève, et le docteur, examinant sa blessure, la dit très grave.

Perrier, qu'une violente émotion bouleverse à l'instant, s'avance vers Morsépius, lui tendant la main.

Le blessé hésite, puis brusquement saisissant cette main, il la serre avec force, disant d'une voix triste :

AU PAYS DES ÉTAPES.

— C'est dommage que le coup ne soit pas mortel, j'aurais été expédié à l'instant, et tu m'aurais rendu là un fier service.

Il se tait et reste silencieux pendant tout le trajet du retour, péniblement soutenu par deux camarades.

* *

Il traîna longtemps à l'hôpital et deux fois par semaine Perrier allait le voir.

Peu communicatif au début, le blessé se laisse aller peu à peu à une certaine cordialité, tenant affectueusement la main du visiteur, lui parlant de son état avec une légèreté voulue d'où toute amertume était exclue.

Il prit bientôt un vif plaisir à ces visites et, un jour que Perrier était retenu à la caserne pour le service, il fut tout attristé.

Son état empirait et le médecin annonça un soir qu'il en avait pour peu de temps.

Le moment fatal était proche.

Perrier, qu'une cruelle émotion étreint, est au chevet du mourant, lui tenant la main.

— Je serai mort dans quelques heures, dit Morsépius d'une voix faible, le docteur vient de me le dire. D'ailleurs, je le savais. Mais ne t'attriste pas, car tu m'as rendu un grand service. Garde pour toi ce que je vais t'apprendre.

Puis après un long silence :

— Je suis le fils du général bavarois X.... J'étais lieutenant d'état-major..... Le jeu m'a conduit ici..... Deshonoré, destitué, chassé, il m'a fallu fuir mon pays, ma famille ..... Tu vois que je suis heureux de mourir..... Encore une fois, n'aie aucun regret....., adieu....., adieu.

Il se tut et de grosses larmes coulaient des yeux de son ami.

Longtemps, longtemps ils restèrent ainsi la main dans la main, et, quand l'infirmier de visite fit sa ronde, Perrier pleurait toujours et le Bavarois était mort.....

Fourrier

J'ai les deux baguettes de caporal-fourrier depuis cinq jours.

Je suis arrivé hier à ma nouvelle compagnie après un voyage mouvementé de quatre étapes.

En quittant le dépôt, on me confiait cinq disciplinaires, nouvellement sortis du *plan*. Je devais les livrer sains et saufs à la prison de Mascara.

A El-Graïer, un puits comme gîte, ça allait bien, mais à Mercier-Lacombe, il y a beaucoup de *schnick* dans les guinguettes, et ça allait mal.

Une heure après l'arrivée à l'étape, tous mes lascars étaient saouls.

Tant bien que mal, je les fourrai sous la tente.

Mon sommeil fut inquiet cette nuit-là, mais il n'y eut rien de cassé.

Le lendemain, l'étape était rude, trente-deux kilomètres avec une traverse des plus pénibles.

De la sueur, un silence morne, des coups de sac répétés, des allongements dans la petite colonne, tous les symptômes d'un em..... d'une fatigue générale.

Enfin nous sommes à la traverse. Elle passe à travers broussailles, rochers, ravins de toutes sortes.

Je ferme la marche, très fatigué moi-même, ayant du sac plein le dos.

* *

Au détour du sentier, je vois un des disciplinaires par terre, la face contre le sol. Je le retourne,

Il avait la figure noire, convulsionnée, les yeux vitreux et grands ouverts, des secousses nerveuses par tous les membres.

Mauvais tabac ! Je le crus mort.

Je lui tape dans les mains, je décroche son sac, ouvre sa veste, lui vide mon bidon dans le nez et rien n'y faisait.

J'avais envie de pleurer tellement j'étais ennuyé.

J'appelle les autres, aucune réponse. Ils étaient déjà loin.

J'allais me livrer à un acte de désespoir, quand mon bonhomme se réveille, se secoue un peu, se lève, tire un mouchoir de sa poche le plus tranquillement du monde, s'éponge la figure, boutonne sa veste, empoigne son sac et se met à filer comme un dard sans mot dire.

J'en étais vert.

A l'arrivée à Aïn-Fékan, je réunis mes troupes et leur fis une harangue, les menaçant de huit jours de prison, de la gendarmerie ou de mes poings, s'ils se permettaient d'entrer dans une gargote quelconque.

Je dus être éloquent, car on me prit au mot, et à Mascara, le lendemain, je bouclais tout mon monde à la prison militaire sans autre incident.

**
* **

Je me flatte d'avoir fait bonne impression en arrivant ici.

Mon sergent-major, pour commencer, trouvait que j'avais l'air poseur; puis passant de la théorie à la pratique, il me mettait bientôt quatre jours de consigne; enfin il vient de doubler la dose hier.

Je suis sous cloche pour huit jours, pendant qu'il sirote son absinthe sur la place.

Tout ça, sous prétexte de m'apprendre le métier.

Je ne conteste pas l'infaillibilité de sa méthode, mais, sacrebleu! je la trouve un peu amère.

***

Depuis vingt jours que je suis fourrier, j'ai beaucoup appris.

Pour faire un bon soldat, il faut laisser sa personnalité à la grille de la caserne, se changer en cire qui reçoit toutes les empreintes, mettre sa langue dans sa poche, cacher le feu de ses yeux, se munir de jarrets d'acier pour courir comme un cerf à la sonnerie de son grade, recevoir sans sourciller toutes les rebuffades, et avec cela se montrer partout d'une finesse, d'une intelligence supérieure.

En outre, si on est fourrier, travailler tout le jour, et les nuits entières en fin de trimestre, plaire à son sergent-major, à son capitaine, au colonel, à l'adjudant, à tous les saints et au diable.

Avec ça apprendre sa théorie, ne jamais commettre une erreur, se montrer dégourdi, éviter les tuiles aux chefs, dormir quand on en a le temps, et payer les dégradations au casernement sur sa masse.

Quand on s'est tiré avec bonheur de tous ces écueils, on en est récompensé ..... par de la consigne.

Si j'avais su cela, je me serais mis ambassadeur, car il faut moins de diplomatie pour réussir là qu'ici.

* *

Voilà quinze jours bien agités qui viennent de s'écouler.

Décidément on ne s'ennuie pas dans l'armée. Qui me disait donc autrefois que c'était monotone ?

Je suis très mal avec mon sergent-major. C'est dans l'ordre des choses, paraît-il.

Et pourtant, mon sergent-major est un brave garçon.

C'est mon capitaine qui me l'a appris, et je dois croire mon capitaine puisqu'il m'a dit à moi-même, en me faisant la morale, que j'étais très intelligent.

Très intelligent! très intelligent! Ah! mais, c'est une scie qu'on me monte!

Donc, mon sergent-major est un brave homme, qui me punit sans cesse pour rien ....., selon moi.

L'autre jour, j'étais libre par hasard.

Avec un camarade, je vidais des bocks sur la place.

Soudain, j'entends des cris, je vois des gens courir et s'entasser dans une ruelle.

Bientôt j'apprends qu'on assomme mon sergent-major.

— Hein!..... Ou çà?..... Ah! Bon Dieu!

Je me précipite et je m'enfonce comme un coin dans la foule grouillante des curieux. Je cogne de ci, de là. Ça dure assez longtemps.

J'en suis quitte pour un coup de pied dans les côtes, une écorchure aux mains, et des morceaux de dents ennemies parsemées jusque sur mes épaulettes.

Mais mon sergent-major est sauvé et il s'est esbigné.

*
* *

J'allais recueillir les lauriers de la victoire, quand c'est le poste de la place qui me cueille et me fourre au bloc.

Le lendemain, le général de brigade m'administre trente jours de prison.

Heureusement que mon chef de bataillon veillait sur moi.

Il va voir le général, à qui il fait entendre une autre cloche, et je suis élargi avec force compliments.

— J'espère que vous agirez toujours ainsi, me dit mon commandant en me complimentant sur ma conduite.

Quarante-huit heures après, mon sergent-major me mettait quatre jours de salle de police.

Décidément, c'est un brave homme.

***

J'ai été nommé sergent-fourrier l'autre jour.

Me voilà galonné d'or sur les deux manches. Mais je commence à en avoir assez des paperasses et je cherche à permuter avec un sergent.

J'ai tellement aligné de chiffres, écrit d'ordres et de rapports depuis six mois, que je jure de ne plus prendre une plume quand je serai sergent.

***

En quittant ma compagnie, je regretterai beaucoup van Bos, le sacripant le mieux réussi que je connaisse, mon secrétaire, mon meilleur ami.

C'est un Hollandais, comptable de profession, de bonne famille, très instruit et d'excellente éducation, voleur par instinct, condamné chez lui pour escroqueries, échoué à la légion où il recueillait bientôt un an de prison pour barbotage à l'ordinaire dont il était caporal; être ignoble, malpropre, puant des pieds à asphyxier tous ceux qui l'entourent; à part cela, le plus charmant homme du monde.

Nous avons passé de belles nuits blanches ensemble à additionner les bordereaux trimestriels des réparations, à collationner les livrets, à faire les pièces des libérables, à mettre à jour les contrôles de la compagnie.

Ces travaux en commun sont infaillibles pour cimenter une solide amitié.

***

Van Bos aime beaucoup le cognac, et il le boit n'importe où et n'importe comment.

Mon double, qui est un artiste à ses heures, a inventé une manière assez originale de payer la goutte à van Bos.

Le soir, quand il est gai, à sa rentrée à minuit, il prend un des souliers odorants de mon scribe, y verse une rasade copieuse, secoue le tout de la pointe au talon, et lui ordonne de boire.

Van Bos, tout heureux, attrape sa chaussure, y applique ses lèvres et boit à longs traits, avec des yeux de carpe frite et un claquement de langue fort réjouissant.

Mon sergent-major jubile, se tord en

tire-bouchon, roule sur son lit dans des spasmes hilarants, pendant que van Bos met tranquillement son soulier.

Ce détail typique des spécialités de mon secrétaire est parfaitement historique, quoique vrai.

Sergent

Je suis sergent depuis huit jours dans un autre bataillon.

J'ai été copieusement fêté par mes nouveaux camarades.

Toutes les nationalités sont représentées parmi les sous-officiers de ce bataillon, même la nationalité française sous les traits d'un marquis authentique, décoré de la Légion d'honneur, ancien officier d'état-major pendant la guerre de 1870, ancien sous-préfet, viveur décavé, très instruit et intelligent. Est classé pour sous-lieutenant.

Il y a également un baron, né en France de parents russes, dont le frère est capitaine dans la garde impériale de Russie.

Puis vient un beau Suédois, grand garçon flegmatique, aux yeux bleus, silencieux et grave, très digne, faisant son service consciencieusement.

Dans la compagnie voisine, un Irlandais bavard, aimable, très irascible parfois, parlant un français fantaisiste, toujours prêt à rendre service et à jouer du coup de poing quand on le chatouille trop fort.

Un juif alsacien, boucher de profession, souple avec ses camarades, rampant avec ses chefs, très dur envers ses inférieurs, homme de ressources en route, habile comme pas un pour se débrouiller, sachant dénicher un bon morceau là où il n'y a rien, cuisinant lui-même. Un homme précieux. Il arrivera.

Et un grand Suisse, long de deux mètres, maigre comme un cent de clous, très susceptible, ancien capitaine des guides de son pays, ruiné dans le commerce des bestiaux en Australie, mal vu de ses chefs, aimé de ses camarades, persistant et tenace. Il vient de se faire naturaliser après ses trois ans, car il veut à tout prix arriver officier.

Puis enfin, un Italien, ancien garibaldien, condamné à mort chez lui pour délits politiques ; rusé, cauteleux, très intelligent, deux brisques, ayant beaucoup d'autorité sur les hommes, énergique dans le service. Aspire à devenir adjudant.

La collection se complète de plusieurs Allemands, Belges, Alsaciens, Autrichiens, quelques Américains ; toute la lyre des dilettanti d'aventures de l'Europe et de l'Amérique.

***

E service est très pénible ici.

A peine descendu de garde, qu'on est commandé de

planton soit à la grille, soit à l'hôpital, ou de piquet le jeudi au marché arabe.

* *

J'étais hier de piquet au marché arabe.

Il faisait une chaleur blanche, un de ces soleils de juillet qui cuit un homme dans son jus.

Sur un vaste terrain, à deux kilomètres de la ville, grouillent des centaines d'Arabes, venus de dix lieues à la ronde pour vendre des burnous, des bœufs, des moutons, des bibelots quelconques.

Au petit jour, les habitants de la ville sont venus faire leurs emplettes.

Ils ont acheté des dattes, des babouches, des vases en bois, de la semoule pour le couscous, des curiosités indigènes.

Il est dix heures.

Les Européens se sont tous retirés à l'abri de leur toit.

Seuls, les Arabes résistent à la chaleur et flânent, cherchant à se voler les uns les autres dans des marchés frauduleux.

* * *

Sur un flanc du terrain, se dressent quantité de petites tentes marocaines, juives, kabyles.

Les cordonniers, assis par terre, tirent le fil des raccommodages ou battent sur une pierre les peaux crues des semelles.

Des querelles s'élèvent, éclatent, furieuses, à propos d'un sou sur le prix d'une couture.

Un groupe stationne devant chaque échoppe improvisée.

Çà et là, des clients assis, les pieds nus, les jambes croisées à l'orientale, attendent, la pipe à la bouche, que la pièce soit posée à leur chaussure.

Dans une autre rue s'alignent les tentes des coiffeurs.

De nombreux patients, paquets informes de linge sale, sont couchés dans le

AU PAYS DES ÉTAPES.

giron de l'opérateur et subissent le rasage complet de la tête, sauf un marabout sur le sommet du crâne.

Ailleurs, les perruquiers appliquent aux nuques incisées des clients de petites ventouses en fer-blanc, et en tirent le sang avec une forte aspiration de la bouche.

Ici, quelques femmes assises en rond.

Elles valent la peine d'être vues, les houris légendaires, les futures compagnes célestes de tout bon musulman. Sales, ridées comme une pomme sèche, vieilles à vingt ans, affreuses à vingt-cinq, bêtes à tout âge, elles sont accroupies derrière leur marchandise.

Elles ont de beaux yeux, toutes, ce qui atténue un peu le dégoût du spectateur.

Au centre quelques joueurs de bonneteau. De temps en temps, des cris stridents annoncent un enjeu discuté à coups de gueule et de poing.

***

Près de la porte de l'enclos s'élève une baraque où le préposé au péage tient une cantine.

En un coin, assis à une table boîteuse, j'y prenais mon déjeûner.

Mes hommes, disséminés à l'ombre de la baraque, près des faisceaux, fument la cigarette de la digestion. Deux factionnaires arpentent le terrain, veillant à tout, mettant fin aux querelles.

Deux absinthes dans le ventre, un litre de vin en mangeant, un cigare aux lèvres, je sirotais, pensif, un épais café maure. Des visions lointaines du passé jetaient dans mon cœur des élans d'amertume, des bouffées de révolte contre le sort. J'étais plongé dans une de ces nuits de bêtise morale, de nostalgie amère, de souvenances cruelles, qui aigrissent le présent et font désespérer de l'avenir.

Soudain, un factionnaire, effaré, se précipite dans la baraque :

— Sergent, on assomme des légionnaires !

— Où cela ? m'écriai-je, brusquement réveillé de ma léthargie.

— Là, me répond le factionnaire, en me désignant un groupe compact, où s'agite une houle de têtes.

Hors de moi, je me lance dans le tas comme un forcené.

En deux coups doubles, j'ouvre le groupe, et comme un boulet, j'arrive au centre où j'aperçois trois légionnaires aux prises avec des Arabes.

— Vingt francs ont été volés, disent ces derniers.

Sans entendre la cause, j'empoigne un légionnaire de chaque main, j'applique mon pied à l'autre et les envoie rouler tous trois à dix mètres de la clôture. Un deuxième effort les lance par dessus la haie, dans le fossé extérieur de l'enceinte.

— F...tez-moi le camp au quartier, et vivement!

— Et quant à vous, criai-je aux Arabes ahuris, si on vous a volé, allez réclamer au diable. Je suis ici pour faire la police et non pour rendre justice. *Ro! balec! fissa!*

Un silence se fait.

Les groupes se dispersent, et il ne reste plus bientôt que quelques indigènes, qui m'entourent et me félicitent avec des *bono, sergent!* et des gestes significatifs.

La cause était jugée.

* *

A une heure, le piquet rentre à la caserne, et dans les rêves de ma sieste je vois un fouillis d'Arabes s'écraser sur mon passage dans leurs burnous sales.

Jeudi prochain, un autre piquet recommencera les mêmes exploits, avec la variante que le sergent fera probablement empoigner les fauteurs par ses hommes au lieu de les culbuter lui-même.

Ce sera plus digne, plus pratique, mais ça manquera de prestige.

La Dame noire

Il y a quelques jours, j'étais de planton à la grille.

Un groupe de jeunes femmes se promenaient.

Au milieu, gesticulait une dame habillée de noir.

Machinalement je porte les yeux sur elle.

Mon regard rencontre le sien, où je crois voir une invite.

J'y reviens.

C'était une belle femme, d'une prestance hautaine, port de tête majestueux, lignes d'épaules et chute de reins bien dessinées, corsage mamelonné et palpitant, taille posée sur deux hanches riches et bien habillées.

Elle repasse et me regarde de nouveau avec une persistance qui me fait frémir.

Tiens ! Tiens ! ça biche ! Il n'y a pas à dire ! Il me faudra soigner ça !....

* * *

Le soir, en me couchant, j'avais la fièvre.

J'entassais dans mon esprit, des baisers, des protestations d'amour éternel, des actes insensés d'héroïsme, tout le matériel d'une passion violente.

Le lendemain, je cherchais ma beauté.

Je l'aperçois au marché. Elle était encore plus belle et ses yeux m'en disaient toujours.

J'entre à la caserne, et sur un quart de feuille de papier écolier, je lui dévoile mon âme, une vraie lave.

Puis prenant un gant noir comme ceux qu'elle porte, j'entroduis ma missive dans un des doigts.

Revenu au marché, je me promène, indifférent.

La dame noire y est encore. Je la croise, et la saluant :

— Pardon, madame, je crois que vous avez perdu un gant.

Un peu interloquée, elle répond :

— Mais, non, monsieur, vous voyez que je les ai tous deux, me montrant ses mains gantées.

J'insiste :

— Parfaitement, madame, mais celui-ci est tombé de votre poche.

Elle s'est ravisée :

— Oh ! en effet, monsieur, merci.

Et elle prend mon gant.

* * *

Deux jours se passent, et rien.

Le troisième, un Arabe mystérieux me fait signe et me remet un paquet.

Je m'installe au café, et discrètement j'ouvre mon poulet.

J'y trouve mon gant et mon quart de feuille incendiaire.

Puis..., plus rien.

Attristé, brumeux, du noir plein la tête, je retourne au marché.

Elle y était encore.

Je bourre mon œil de tendres reproches, je parsème mon allure de gestes alanguis, je redouble de discrétion, je répands une passion brûlante par tout mon être.

Elle reste indifférente.

Je rentre au quartier et je me couche, piteux, énervé, comme un homme qui a commis une de ces sottises énormes qui le fait rougir quand il la rumine.

* *

Les jours suivants furent remplis par la monotonie accablante du service.

Je me promenais toujours, rencontrant

souvent la dame noire, plus attrayante que jamais, chaque jour plus gracieuse, mais ayant l'air de m'ignorer complètement.

Je commençais à m'habituer à cet échec, que j'avais déjà classé parmi mes nombreuses illusions avortées, refoulant amèrement au fond de mon cœur tous les beaux sentiments qu'avaient fait naître chez moi le corsage grassouillet et les hanches savoureuses de ma dédaigneuse beauté.

**
* **

Nous étions au concours de tir, la musique du régiment et tous les officiers y assistaient. Plusieurs dames nous faisaient également l'honneur de nous regarder.

Mon tour arrive. Je m'étends prosaïquement sur un couvre-pieds de campement et je pose mes six balles dans la cible.

Le concours terminé, l'officier de tir en lit à haute voix les résultats et me proclame le premier.

Pendant cette lecture, les groupes s'étaient resserrés, les dames, plus hardies, s'approchaient de nous, et mon regard s'arrête sur madame B... que je n'avais pas remarquée.

Elle paraissait songeuse, me fixant d'un œil qui me lisait des pieds à la tête.

Toutes mes ardeurs se réveillent à nouveau, et prenant ma place dans le rang, je rentre au quartier, aux sons divins d'une musique dont l'harmonie ne m'avait jamais paru si belle.

J'avais des ailes à mon imagination, et de l'audace à pleines voiles.

En pure perte cependant, car ma beauté me paraissait toujours aussi dédaigneuse, et moi j'aurais jeté trente-six mille bonnets par-dessus les moulins.

C'est pourtant si facile de se laisser aimer !

※
※ ※

A cette époque, la municipalité donna un grand bal à la mairie et quatre sous-officiers furent invités.

J'en étais.

Quand j'entrai dans la salle, on valsait.

J'eus de la peine à m'habituer à l'éblouissement des lumières, à cette atmosphère délicate, à la griserie vaporeuse de ce milieu, où les haleines chaudes, essoufflées, se confondent aux parfums des dentelles qui voltigent, aux senteurs énervantes des épaules moites et des corsages surchauffés, délicieusement ému par une musique, tantôt excitante comme un coup de fouet, tantôt molle, languissante comme un zéphir.

Madame B... valsait avec un grand jeune homme blond, très beau. Il avait l'air certain de son affaire. Je l'aurais assommé.

La valse finie, les couples se rendent à leurs sièges.

Je m'approche et je demande une polka à madame B... Elle me l'accorde gracieusement et je m'inscris sur son carnet pour la troisième danse.

Puis, tout étonné de mon audace, je me retire avec des fourmillements dans les mollets, des battements aux tempes.

Tant pis, le Rubicon est franchi.

Notre polka arrive, j'enlace ma danseuse et, comme dans un rêve, je l'entraîne avec furie.

Je me reprends bientôt, car je sens madame B... qui s'abandonne.

Au moment où la musique précipite les dernières mesures, elle me dit doucement :

— Demain, chez moi, à minuit...

**

Il est minuit.

J'ai sauté le mur, car ça en vaut la peine.

Je m'introduis sans bruit chez madame B... Il fait noir comme dans un four.

Je me glisse dans le couloir en tâtonnant...

Soudain, près de l'entrée, un pas nerveux résonne, la porte s'ouvre avec fracas, une lumière éclate. Une manche à trois galons d'or, puis une figure anguleuse et bien connue m'apparaissent encadrées de nuit.

C'était mon capitaine et... la fin d'un beau rêve.

Diable aussi! Pourquoi chasser dans des terres réservées?

* *

Très moderne, Cupidon a depuis bravement brisé son arc. Il a adopté le fusil *Lebel* à répétition, plus dans le train et très précis dans les luttes amoureuses.

* *

C'est mon capitaine qui, le lendemain

au rapport, m'a appris ce détail, dans un discours aux pommes, où l'ironie cruelle s'alliait à une sévérité bien justifiée.

En Détachement

Je suis à Bou-Kanéfis.

Il y a huit jours, le colonel m'y envoyait avec ma section pour garder un pénitencier arabe.

J'ai sous mes ordres un grand gaillard qui est la terreur de mon détachement.

Le premier soir, je dînais en ville avec le camarade que je relevais.

En entrant au *bordj*, à onze heures, le caporal de semaine m'apprend que personne ne manque à l'appel. Satisfait, je me retire dans le bastion du chef de détachement.

* *

A peine avais-je enlevé ma tunique que j'entends des hurlements, des coups violents à la grande porte d'entrée.

J'écoute.

C'était la voix bien connue de Weiss, qui beuglait après la sentinelle.

— Eh bien ! Quoi ! On n'ouvre plus la porte maintenant ?

Un grincement de gonds m'annonce que Weiss est entré.

Puis la voix du capitaine en retraite, directeur du pénitencier, m'apprend que c'est toujours la même chose. Ces sacrés légionnaires n'en font jamais d'autres ! Toujours en faute ! Il en rendra compte au général de division et il fera punir le chef du détachement, qui tolère de telles infractions à la discipline !

Weiss riposte que la légion ne regarde en rien ce vieux c... escogriffe, et qu'il ferait bien mieux de surveiller sa femme et de moucher ses gosses.

Le capitaine rugit.

Moi, je vois rouge. Inconscient dans ma colère, je sors sans tunique.

J'avais cent mètres à parcourir.

Weiss, plein comme un œuf, oublie ma présence probable. Il continue à se chamailler grossièrement avec le directeur qui est descendu dans la cour.

J'arrive au groupe au moment où une prise de corps en règle allait se produire.

Saisissant Weiss par un bras, je le fais pivoter sur lui-même et, pouf! je lui flanque un coup de poing entre les deux yeux.

Le capitaine, satisfait, rentre chez lui.

Au choc, mon loustic m'échappe et s'abat sur le sol, de tout son long, sur le dos.

Je m'adresse alors aux hommes, et, furieux :

— Tas de rossards, vous êtes ici vingt-cinq, et vous avez peur de cette brute! Il faut que je vienne pour le mettre à la raison! Eh bien! vous me voyez, je suis sans tunique, sans galons, sans insignes, tête nue, c'est l'homme qui vous parle! Le premier qui bronche à l'avenir, je lui casse la gueule comme je viens de le faire à ce braillard-là! Tous ensemble, si vous le voulez, ou les uns après les autres, ça m'est égal ! Mais il faut qu'on m'obéisse ici ou qu'on dise pourquoi ! Quatre hommes, empoignez-moi ce paquet de linge sale et f...tez-moi ça au silos ! Huit jours de prison pour cet animal-là !

* *

Le lendemain, je rendais compte de la chose au colonel.

Je craignais beaucoup sa désapprobation, car le règlement défend au chef de frapper ses inférieurs ; mais je comptais sur son indulgence, car il connaît son monde. Il sait fort bien qu'une foule de mauvaises pratiques viennent parfois susciter l'indiscipline au régiment, et qu'une répression physique est la seule efficace à certains moments.

Fort de mon droit, je prenais courage, convaincu d'avoir agi avec conscience.

— Sept jours de cellule en augmentation, répond le colonel, vous auriez dû le tuer.

Ces quelques mots, sans être pris à la lettre, me donnaient amplement raison.

Mon détachement se termina sans autre incident, et je rentrai au corps indemne de toute histoire, plus heureux que beaucoup de mes camarades, qu'on collait généralement à l'ombre pour mollesse dans leur commandement.

* * *

Ma compagnie arrive d'escorter des condamnés aux travaux publics.

Il fait toujours une faim de tous les diables en route. Les hommes nettoient si bien leurs gamelles que les cuisiniers, en les lavant, n'y trouvent jamais rien.

En arrivant à Géryville, quatre lascars, pratiques délurées, empoignent un magnifique chien, l'écorchent, le taillent en pièces et en font de succulentes grillades.

On s'en léchait encore les doigts douze heures après.

Horreur ! C'était le chien du commandant supérieur. Grand branle-bas partout. Fureur sur toute la ligne.

Le commandant supérieur demande compte aux légionnaires de sa malheureuse bête.

Ceux-ci sont muets comme la tombe.

Mais la rumeur plane, voltige dans l'air et apprend bientôt au chef que les coupables ont fait passer son chien à la broche.

Soixante jours de prison tombent à pic sur les mécréants et consolent le commandant supérieur sans lui rendre son épagneul.

Un beau et jeune chien, bien gras, bien dodu, doit toujours se tenir éloigné d'une compagnie de légionnaires qui rentre de route.

**

L'hyène a mauvaise renommée, et je

ne l'ignorais pas à mon arrivée en Algérie, où ces carnassiers sont très nombreux.

Ils ont sur la conscience d'affreuses histoires de cimetière, de cadavres déterrés avec la griffe et mangés à belles dents.

L'hyène ne travaille jamais seule. Sans flair aucun, mais possédant bon pied, bon œil et bonne gueule, elle suit la meute nocturne des chacals, qui la guident dans ses recherches gastronomiques.

Je viens de voir une hyène et j'en ai encore la chair de poule.

Ce n'est pas que la bête soit bien à craindre, mais j'ai toujours eu une horreur instinctive du fauve. Résultat de mon éducation première.

Ma grand'mère me faisait peur avec d'épouvantables histoires de loups.

Il m'en est resté quelque chose. Loups, loups-cerviers, loups-garous, ours blancs, noirs et gris, lions et lionnes, tigres, léopards et jaguars, autant de mots, autant d'obsessions, autant de cruels cauchemars pour moi.

Mes nuits d'enfance en furent sans cesse troublées, mon âge mûr ne m'en a pas encore débarrassé.

**
* *

Le chacal, leste, hardi, effronté, rôde partout, pénètre dans les villages, dans les gourbis arabes, vient jusque dans les camps enlever sous la tente, où il repose près de son maître, le fidèle petit chien du troupier.

Il est le visiteur rapace des cuisines, le vampire des basses-cours, la terreur des fermes isolées.

Précurseur fidèle de l'hyène, qui s'attache à ses pas, son glapissement aigu et prolongé attriste les nuits claires d'Afrique, détonne dans les tempêtes rageuses du vent saharien, trouble le bruit monotone des pluies d'hiver.

Au loin, dans le noir, brillent deux étoiles mobiles; ce sont les yeux de l'hyène, qui attend sa pâture du chacal.

A peine celui-ci s'est-il emparé d'une proie que l'hyène, dont les regards percent les plus profondes ténèbres, bondit, chasse l'agresseur et dévore pour son compte le dîner du chacal.

C'est une bête ignoble, sans cœur, puante, aux instincts crapuleux, aucune noblesse, ni honte, ni pudeur, ni beauté, se servant de ses éclaireurs de la nuit, qui lui trouvent sa nourriture, les chassant ensuite, fuyant au moindre bruit, lâche devant l'homme, qui est sa terreur.

* *
*

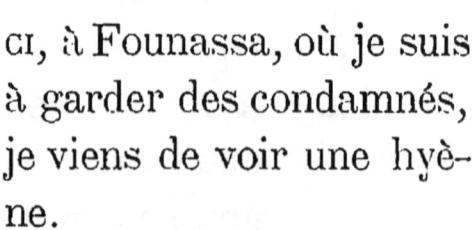

Ici, à Founassa, où je suis à garder des condamnés, je viens de voir une hyène.

Les hommes avaient

acheté un jeune mouton, qui attendait la marmite, attaché au piquet près des tentes, broutant paisiblement l'herbe maigre de la plaine.

Vers deux heures du matin, des aboiements nous annoncent la venue habituelle des chacals.

Un camarade me propose de sortir pour les voir.

Le firmament, d'un transparence tropicale, s'humectait de taches laiteuses mouchetées d'étoiles, dont le tremblotement calme contrastait avec les cris aigus de nos visiteurs.

La meute s'approche; elle est près de nous. Un frisson me secoue.

Soudain, une odeur de fauve, un frôlement rapide, et une hyène, dont la silhouette incertaine disparaît au loin dans la nuit, vient de passer près de nous.

Mon camarade lâche un juron et court à son fusil.

Il était trop tard. Notre pauvre agneau,

bêlant à fendre l'âme, file rapidement, paquet de chair broyée, accroché aux dents du carnassier.

Le lendemain, la marmite du camp était en deuil, et pendant que les hommes mangeaient la maigre soupe aux légumes, l'hyène se payait dans la montagne un gueuleton soigné avec le mouton du détachement.

Mon métier m'a dressé aux coups de fusil, que je ne crains pas trop, mais les fauves ! l'hyène ! Mauvaise affaire, je n'en suis pas.

Ma Baraque

Je suis encore à Founassa.

C'est un poste avancé, à trois cents lieues de la mer et à cent lieues au nord du Figuig, ce refuge de tous nos révoltés sahariens, qui y trouvent une sécurité parfaite.

Founassa est une gorge entre de très hautes montagnes. Un camp y a été établi à l'entrée.

Une petite baraque m'abrite depuis quinze jours. Un rectangle de dix pieds par six forme la base du volume d'air que je respire sous son toit.

Le parquet est la terre naturelle. Les murs sont percés de deux petites fenêtres, qui laissent pénétrer un peu d'air et beaucoup de sable, quand souffle le siroco.

En pleine colère, ce vent chasse le feu devant lui, brûle le sol et l'atmosphère et traîne à sa suite des nuées de molécules légères, qui obcurcissent l'horizon d'une buée jaunâtre. L'air alourdi encombre les poumons, qui halètent. Le cerveau se contracte, les oreilles bourdonnent, la sueur suinte par tous les pores, une lassitude générale s'infiltre dans tous les membres, casse bras et jambes et jette bientôt le patient dans un sommeil accablant, pour le laisser, au réveil, courbaturé, broyé comme un convalescent après une maladie grave.

***

Le mobilier de ma baraque est simple. Un coin pour mon fusil, quelques crochets pour mon fourniment, le sabre et le revolver de mon sergent-major, une table en bois brut, soutenue contre le mur par deux piquets; deux tréteaux et trois planches, supportant une paillasse. Du linge par ci par là, quelques placards réglementaires, listes, états, sacs et gamelles.

J'y ai ajouté un hamac, objet d'envie pour tous.

D'innombrables parasites me tiennent sans cesse compagnie, se groupent près de la lumière et me regardent avec étonnement : des puces, des fourmis, des punaises, des cafards, compagnons inévitables du troupier. Parfois la tarentule sillonne mes murs de sa course rapide, s'arrête un instant pour me fixer de ses deux gros yeux ronds. Un geste et elle se sauve.

Les scorpions pullulent dans tous les coins et deviennent d'une familiarité gênante.

L'autre jour mon sergent-major, agacé par un bruit insolite, fit une perquisition dans sa paillasse et en délogea une magnifique couleuvre avec toute sa nichée.

Les souris, les mulots, par centaines, creusent des souterrains partout, sapent les murailles, se promènent sur mon visage la nuit, rongent mes livres, mes règles et mes porte-plumes.

**

J'ai aussi une meute.

Puppy est très intelligent. Aux grandes manœuvres, il s'était égaré dans la forêt. J'en avais fait mon deuil. En rentrant à la caserne, quinze jours après, je sens un tiraillement au bas de ma capote. C'était mon petit ami, revenu deux étapes en arrière. Mon cœur battit plus vite en retrouvant ce fidèle compagnon de mes tristesses du début.

Ici, il est très malheureux. Les mouches le taquinent, et c'est une lutte de chaque instant. Il a le nez pointilleux. Une mouche s'y pose-t-elle, de suite *Puppy* bondit, tourne prestement sur lui-même et saisit l'insecte au vol avec un happement bien appliqué, le broyant en quelques coups de dents rageurs. Il s'éloigne ensuite pour recommencer plus loin.

Major, mon deuxième chien, âgé de quatre mois, se sauve quand je l'appelle et cela me fâche. L'autre jour, furieux de son indiscipline, je lui administrai quinze coups de bâton. L'effet fut déplorable. *Major* se vida complètement, ne gardant rien pour lui. Depuis, j'ai abandonné ce système d'éducation.

Taya est un grand sloughi arabe, rapace comme un bandit, mangeant comme dix et croquant le lièvre qu'il chasse très bien, mais qu'il faut lui ôter aussitôt qu'il l'a saisi. Il ne m'écoute jamais. C'est un excellent lévrier, paraît-il, car son indocilité et sa sauvagerie sont des signes de race.

Deux autres chiens, roquets sans importance, complètent ma meute. Et dernièrement un jeune renard est venu s'ajouter au nombre des amis intimes que je fréquente à Founassa.

Somme toute, je m'ennuie ici aussi bien que partout ailleurs.

*
* *

Peu d'événements, ces dernières semaines.

Nous sommes rentrés dans la civilisation depuis quelques jours, et les choses ont repris leur train-train ordinaire.

Hier encore un duel.

Cela arrive par trop souvent à la légion étrangère, où tout le monde a l'épiderme susceptible et où chacun tient à faire honneur à sa nationalité. Ajouter à cela le fait d'être soldat français, ce qui nous rend encore tous plus chatouilleux.

O'Kealy est un jeune Irlandais pur sang, bon diable à ses heures, très gai, mais passablement hargneux par boutades.

Hammer, grand Alsacien, ayant vécu dix ans à New-York, est aussi un assez mauvais coucheur.

Tous deux connaissent la boxe et son emploi. Ils en ont appliqué les principes dans plusieurs rencontres, où leurs nez payaient l'écot.

Le colonel, ému de toutes ces tatouilles réitérées, ordonnait dernièrement de conduire ces deux sergents sur le terrain et de n'arrêter le combat qu'à la suite d'une blessure grave.

* * *

J'y étais en curieux.

Les deux combattants furent d'un calme et d'un sang-froid remarquables.

Il y eut plusieurs reprises sans résultats sérieux. Les parades arrivaient à temps pour empêcher les coups mortels, mais la pointe des épées avait touché la peau, et l'arme, violemment chassée, faisait des entailles d'où le sang coulait abondamment.

Bientôt les poitrines des deux sergents ne présentaient plus qu'un quadrillé sanglant, et le combat durait toujours.

L'officier surveillant était pâle d'énervement et nous n'en valions guère mieux.

On fut aux prises pendant plus de trente minutes.

Enfin, à la suite d'une parade fatiguée, l'épée de Hammer s'enfonce de plusieurs centimètres dans l'aîne de son adversaire.

O'Kealy n'a pas la force de riposter. Il se jette en arrière et de suite son bras est paralysé.

On arrête le combat.

Quinze jours après, O'Kealy, complètement guéri, provoquait Hammer et, avec deux classiques coups de poing, il lui bouchait un quinquet et lui aplatissait le nez.

Le colonel en fut désespéré.

Il leur mit à chacun huit jours de prison, en les menaçant du conseil de guerre, s'ils recommençaient.

**

Le service de garde est très pénible ici.

Le colonel a admis en principe qu'il est nécessaire de punir d'au moins quatre jours de consigne le sergent de garde pour obtenir un service bien fait.

C'est un moyen à méditer.

Aussi les sergents rusent-ils.

Le colonel, exact comme l'horloge, profile chaque matin son ombre sur le mur de droite de la porte du quartier, au moment où sonnent huit heures et demie.

Le cas est prévu et le sergent de garde, qui connaît son affaire, a pris soin de s'éloigner, d'aller se cacher au diable.

Le colonel flaire partout, scrutinise les coins, crie toujours beaucoup, car ça fait du bien, mais, ne voyant pas le sergent, il oublie de le punir.

*　*
*

L'autre jour, je me trouve nez à nez avec notre terrible *kébir*.

Ahuri de mon audace, il hésite un instant, mais ramassant bientôt ses moyens, il trouve une feuille qui se baladait dans une rigole.

Ce fut une tempête où je récoltai huit jours de consigne.

Le colonel est très énergique et il obtient des résultats merveilleux avec sa méthode.

Il n'y a pas un quartier aussi propre que le nôtre dans toute l'armée française.

Quand je serai colonel, je ferai comme lui.

* *

J'ai un nouveau sergent-major qui hier était mon camarade ; aujourd'hui c'est mon ennemi, car j'ai failli passer à sa place.

Aussi, il vient de se venger des transes que je lui causai.

Pour un rien, l'autre jour, il se met à m'engueuler copieusement.

J'ai mauvais caractère, et mon attitude ne fut pas indemne d'un certain manquement à la déférence.

Mon sergent-major est de quatre ans plus jeune que moi.

— Vous aurez quatre jours de salle de police, *mon garçon*, s'écrie-t-il avec une dignité parfaite.

Je cessai toute discussion, car le : *mon garçon !* m'avait complètement terrassé. De sa part, c'était irrésistible.

Cependant, je me promets bien de lui faire son affaire quand j'aurai mes deux sardines d'or.

Puis, à quoi bon me faire de la bile, et vouloir transpercer ce brave garçon ! Ce n'est pas un mauvais diable, après tout.

Parbleu ! ses nouveaux galons l'ont grisé.

Et enfin, je me connais, quand je serai nommé, je suis de taille à aller lui serrer la main et à m'en faire un ami, car il est instruit et intelligent.

Les haines militaires sont terribles, mais elles passent si vite !

Allons ! du calme, faisons tranquillement nos quatre jours. Je me consolerai en étudiant ma théorie.

Une Fête

Ah! mais, dis donc, veux-tu par hasard me faire croire qu'une fête n'est pas un jour de réjouissances ? Tu oses même me dire que c'est ennuyeux!

— Allons, allons, fumiste !

— Fumiste tant que tu voudras, mais je te dis qu'une fête nationale est très gaie, et que les gens bien nés attendent ce grand jour pendant un an pour savourer un habit neuf, un chapeau chic ou un verre d'orgeat.

— Tu m'ennuies avec ton chapeau chic et ton verre d'orgeat, moi j'ai failli attraper une insolation. Voilà ce que je vois de plus clair.

— Tu es épatant, toi; on dirait vraiment que tu ne sais pas que les fêtes sont pour le plus grand nombre. Et quand bien même tu serais crevé d'un coup de soleil, cela n'aurait pas empêché les autres de rire.

* * *

Et puis, il ne faut pas être revêche quand un joyeux pétard, que lancent les gamins en délire, nous brûle un pantalon où nous crève un œil;

L'huile des quinquets, qui arrose les coiffures;

Les parfums des illuminations, mêlés aux haleines exotiques d'un peuple hétérogène, bourré de l'ail des grands jours;

Les voitures, dont les cochers polis hurlent des paroles désagréables au passant malencontreux qui entrave la circulation;

Les agents de police accompagnant leur *circulez!* traditionnel d'une poussée sympathique dans le creux de l'estomac;

Les fâcheux qui nous fourrent un coude dans le ventre et leurs gros talons sur un cor susceptible;

La fumée odorante du cigare d'un sou qu'un ivrogne patriotique nous lance aux narines;

Les nombreux et chaleureux discours qu'une position officielle nous force à déguster dans une immobilité respectueuse;

La grande chaleur qu'un soleil de feu prodigue à pleins bords;

Et la poussière, et le vent, et les coups de canon, et les musiques, et les orphéons, et les bocks, toutes choses qui nous plongent dans de si délicieuses jouissances, qu'on se réveille le lendemain avec un mal aux cheveux mémorable.

* *

Le mois de juillet est particulièrement bien doué sous le rapport des fêtes nationales.

Il débute par la fête du Canada. *Dominion Day.* — C'est un jour célèbre.

Puis vient le 4 juillet, fête des Etats-Unis de l'Amérique du Nord. C'est la plus belle affaire connue, paraît-il, car il meurt en ce grand jour plus de personnes par accident que n'importe où, n'importe quand.

Enfin, nous arrivons au 12, la fête jaune, la fête orange, le grand jour des Irlandais protestants. On s'y est amusé outre mesure cette année. On voulait se tuer partout, c'était très vivant, mais laissons là la politique.

Puis voilà le 14 juillet, notre fête à nous Français, à nous tout seuls.

* *

Dès les premières lueurs de l'aurore,

la foule, attifée de beaux habits, encombre les squares publics, s'engouffre dans les rues tortueuses, assiège les balcons et les fenêtres.

Il s'agit de voir la grande revue, et la grande revue, c'est nous.

Nous avons fait plusieurs kilomètres et sué plus qu'à notre tour pour offrir à la population enthousiaste une longue ligne rigide d'uniformes variés et d'armes étincelantes.

Le canon tonne vingt et une fois, les musiques se bourrent d'airs nationaux, le général, suivi d'un brillant état-major, chevauche devant le front des défenseurs de la patrie et revient se placer en face de l'estrade d'honneur où foisonnent les toilettes brillantes.

Et le défilé commence. C'est beau, c'est beau !

En tête, les gendarmes, gardiens de l'ordre public, très aimés à cause de la crainte qu'ils inspirent et de la senteur populaire de leurs bottes.

Ils sont suivis de près par les braves pompiers, dont les casques en cuivre poli ont de miroitants reflets qui écorchent les yeux. Leurs plumets frétillent allègrement sous l'effet d'un pas militaire et saccadé. Le capitaine, beau garçon à barbe grise, la bedaine sanglée par un ceinturon puissant, change souvent de pas pour attraper la cadence de la musique et trébuche sur son fourreau de sabre à l'instant où il dirige un regard de lance sur les tribunes d'honneur.

Les sapeurs du génie, gens graves et très posés, marchent ensuite d'une allure fière et martiale. Ils sont heureux de défiler avant les artilleurs que l'honneur attache à leurs pièces.

Les canons roulent, correctement alignés essieu contre essieu, et quand ils sont bien loin, on y pense encore tellement ça fait plaisir.

Pendant ce temps-là, les zouaves et les légionnaires n'ont pas perdu un instant. Musique et sapeurs en tête, ils marchent comme un seul homme, les sections en lignes droites et rigides. Leurs drapeaux, dont l'un fier d'être le seul de l'armée portant deux décorations, flottent majestueusement dans la brise molle d'une belle journée d'été.

Les turcos, qui viennent de rentrer du Tonkin, la poitrine ornée d'une médaille commémorative, suivent de près et sont applaudis avec enthousiasme. Ils étaient quinze cents à leur départ. Ils sont revenus cinq cents qui défilent aujourd'hui; c'est toujours ça.

Puis les chasseurs d'Afrique, les spahis, le train, la remonte, les infirmiers, les boulangers, il y en a pour tous les goûts.

**
* **

On est à la caserne.

Les sacs sont débouclés, le devoir est rempli et tout à la joie, maintenant.

Et de se précipiter en foule à la sortie

de la caserne pour aller en ville prendre part aux réjouissances.

Ce qui sera bu de vin et d'absinthe aujourd'hui est incalculable. Et les coups de poing, les querelles, les pochards, nous ne les compterons pas.

Quelques-uns sont restés à la caserne pour organiser la salle du repas d'honneur. Car chaque compagnie doit décorer une chambre où le repas du soir sera pris en commun.

Des guirlandes de verdure, des papiers tricolores tracent de capricieux zigzags de la planche à pain à la planche à bagage, du râtelier d'armes aux croisées.

Sur les murs, des devises guerrières et patriotiques.

Les draps de lit, nappes très présentables, couvrent les tables de casernement qui succombent sous le poids des extras.

Car les *bonis* se sont fendus d'un supplément: un demi-litre de vin par homme, une soupe, un ragoût, un rôti et du dessert. Oui, du dessert, morbleu ! Car le troupier mange du dessert au moins une fois l'an.

Cinq heures viennent de sonner à l'horloge.

C'est l'heure de la soupe.

Le colonel, entouré de tous ses officiers, se dirige vers la première chambre.

Il goûte à tous les mets et les trouve exquis. Il tape sur l'épaule d'un homme, qui rougit de plaisir, dit un mot gracieux à un caporal, qui répond en balbutiant, enchanté, et s'apprête à quitter la chambre.

Mais le capitaine l'*arquepince* au passage et lui offre le vin d'honneur au nom de ses hommes et de ses officiers.

C'est au tour du colonel d'être ému.

Il accepte avec un très visible plaisir, boit à la santé de tous, trinque avec les camarades, et s'éloigne enfin laissant la chambrée s'écrouler sous des cris formidables : *Vive la France ! Vive le colonel !*

Chaque compagnie lui fait la même aubade.

Partout, il dit quelques mots aimables, partout il lève les punitions.

Il est très ému, et quand il quitte le quartier son teint paraît plus animé que de coutume.

Est-ce le vin d'honneur qui l'a émotionné, ou la réception qu'on vient de lui faire? Pour être fixé là-dessus, il faudrait entendre sa conversation du soir avec madame la colonelle, à qui il reconte sa visite à la caserne.

**

Après le souper, en avant le grand chambardement de la soirée.

Ici, silence, car on s'amuse trop.

Pareil jour, autrefois, un pauvre diable que je connais venait de faire cinquante-trois kilomètres, de dix heures du soir le 13, jusqu'à deux heures de l'après midi, le lendemain, 14, par 42° dans le désert. Son dîner d'honneur, à lui, consistait à boire treize quarts d'eau tiède d'une source sulfureuse.

Les temps sont bien changés, et il ne s'en plaint pas.

Le lendemain, on est triste, malade.

Les escaliers, les couloirs, les abords de la caserne présentent par ci par là des maculations odorantes, preuves innocentes de certaines digestions en révolte.

Parfois, le promeneur indifférent peut entendre dans le lointain des grognements sonores, avec efforts saccadés, qui annoncent bien qu'un soldat consciencieux essaie de rendre le 15 le trop perçu du 14.

Des corvées font disparaître les derniers souvenirs de la fête, le service reprend sa marche monotone, et tout est dit.

A l'année prochaine !

***

— N'est-ce pas que c'est gai une fête nationale ?

— Heu ! Heu !

— Oui, oui, cause toujours, mais je n'en suis pas moins certain que tu es aussi ému que moi en ce grand jour de réjouissances patriotiques et populaires.

Sergent-Major

Enfin, je suis sergent-major. Très jolies les sardines d'or sur ma tunique neuve.

Le capitaine Racon, un Américain au service de la France, m'a, selon l'usage, invité à dîner en l'honneur de cet événement. Fourrier chez lui, je passais sergent-major dans une autre compagnie.

— Vous êtes rudement content de me quitter, me dit-il, voulant me sonder les reins, car il y avait trop de consigne dans ma compagnie.

— Au contraire, mon capitaine, je le regrette beaucoup, mais je suis fort heureux d'être nommé sergent-major chez le capitaine Renaud.

Il y a un peu à boire et à manger dans cette réponse banale.

Les deux capitaines sont là prêts à se *chiner*, selon la réplique du sergent-major. Ménager la chèvre et le chou, voilà la devise du troupier modèle. Un honnête industriel qui créerait une école de tact et de diplomatie à l'usage de MM. les jeunes soldats aspirants officiers, serait d'un secours inappréciable au bon jeune homme, qui, en arrivant au régiment, ose affirmer que deux et deux font quatre. Pour le soldat trop intelligent, deux et deux font souvent huit jours de salle de police. Je n'avais pas perdu de temps pour apprendre cela dans la compagnie du capitaine Racon.

C'est égal, dans le fond, je le regrette, ce capitaine.

Il était bassinant, grincheux, mais fier, volontaire, très ferré sur tout, aimant ses gradés, les protégeant en père, les punissant comme tel, ne permettant jamais qu'on les touche, un vrai chef méticuleux, bon soldat, passionné pour son métier, fermement convaincu que l'armée prime tout.

Mon nouveau capitaine est un brave homme, dit-on, mais assez insouciant, un peu égoïste, tirant sur sa retraite, décoré, vingt campagnes, trois blessures, au comble de ses vœux, ne demandant rien que la tranquillité, lâchant carrément ses sous-officiers s'ils se fourrent parfois dans le pétrin.

Il faudra ouvrir l'œil chez lui.

*_**

Hier soir, j'arrive à ma nouvelle compagnie.

Officiers et camarades me font une réception cordiale; seul mon sous-lieutenant fut très froid ce matin, quand je me présentai à lui.

J'ai manqué de déférence à son égard,

m'a-t-on dit. Je ne sais en quoi, mais il n'y aucun doute, j'ai commis là une faute grave, que ce jeune officier m'a fait sentir avec beaucoup d'aigreur ce matin. De plus, il s'en est plaint au capitaine.

Tout cela me flatte un peu, car, si j'avais l'air d'un imbécile, il est probable que mon sous-lieutenant se ficherait de moi comme d'une guigne.

Ménageons ce jeune homme quand même : le devoir l'exige, et c'est habile.

**

Mon sous-lieutenant vient d'être appelé en mission au Sénégal.

Je l'ai vu partir sans trop de regrets. Ça n'allait pas du tout avec lui. Depuis plus d'un mois que je suis à la compagnie, les choses s'étaient aggravées.

Ce jeune officier avait la susceptibilité difficile à désarçonner.

J'y allais de mon mieux cependant : sourires, prévenances, services, exactitude, empressement, rien n'y faisait, ma tête le crispait, il m'avait dans le nez.

Je n'ai pourtant rien déposé dans ses bottes, et je regrette sincèrement ce léger dissentiment.

Si nous avions été du même grade, je suis certain que nous nous serions compris.

Mais il est officier et je suis *bas-off*: abîme.

***

Je sors de l'hôpital.

Quinze jours sur le flanc avec une tête en marmelade, des épines dans les reins, des cauchemars dans mes souvenirs et huit jours de prison sur la planche pour me consoler.

Tout ça pour un cheval du train que j'ai couronné et ma tête que j'ai failli démolir.

Un beau dimanche, dès l'aurore, j'enfourchais un arabe, cheval magnifique, en compagnie d'un marchef du train.

La campagne était belle, Aïn-el-Hadjar pas bien loin, et nous y allâmes pour la journée.

Un petit vin blanc mousseux, un bon dîner, le printemps, de belles filles, des danses sur l'herbe nouvelle nous retardent jusqu'à l'appel.

Nous partons à fond de train pour le quartier.

Une descente rapide se présente, nous chargeons quand même. Mon camarade arrive au bas sans accrocs, mais mon cheval et moi nous roulons dans les cailloux.

Je dors deux ou trois heures sur place avec du sang plein la figure.

Deux Arabes, allant au marché, me

cueillent en passant et me portent en ville.

Je me réveille avec des nuages dans la vue, des picotements lancinants par tous les membres et une bonne moyenne générale d'inquiétude dans l'esprit.

Au quartier, on était soucieux et on s'apprêtait à aller me quérir.

Le service de garde me porta à l'hôpital, d'où je viens de sortir ce matin pour entrer en prison.

Le chef du train est également sous les verrous.

Décidément les promenades à cheval à la campagne ne me réussisssent pas.

**

Je suis libre comme l'air.

Les portes de ma prison se sont ouvertes. Ma tête est un peu défigurée, mais ça se remettra.

Le chef du train en a eu plus long que moi : quinze jours pour avoir prêté un cheval à un fantassin, et moi, huit pour l'avoir couronné.

Ce n'est pas trop payé, surtout si l'on tient compte de notre plaisir à la campagne et de l'expérience hardie d'une dégringolade dans les rochers pour mon compte.

J'en ai pris bonne note. En tombant, je croyais rêver, mais mon rêve fut lestement supprimé par le contact des pierres.

J'ai, depuis, rayé le cheval de mon programme.

**

Je suis rossé, moulu, éreinté comme un cheval de fiacre.

Mais je suis propre, car je viens de prendre un bain dans la petite rivière. L'eau n'atteint guère plus de deux pieds dans sa plus grande profondeur, mais elle coule sur un fond de petits cailloux ronds. J'ai pu m'y étendre voluptueusement pendant près d'une heure.

Il me fallait cela, car j'ai eu un rude turbin toute la journée.

Parti de Sfisef avec quatre cents jeunes soldats, le gros du bataillon arrivait à Aïn-Fékan, à onze heures du matin, avec plus de cent traînards, distribués sur un parcours de dix kilomètres.

J'étais d'arrière-garde, et il me tardait d'arriver. Coûte que coûte, je ne voulais laisser personne en arrière.

Encourageant celui-ci, gourmandant celui-là, je réussissais assez mal à faire avancer tout mon monde.

Un pauvre diable de trente-cinq ans, avec une bedaine épanouie, échoué au régiment à la suite d'un naufrage de fortune, gémissait sur le bord de la route. Je le tarabuste un peu. Il répond qu'il ne demande qu'à mourir. Pris de pitié, je le soulage de son fusil, et, l'aidant, il repart clopin-clopant.

Plus loin, un gamin belge, paraissant âgé de seize ans, pleure comme une Madeleine. Il a le feu aux pieds, du plomb aux épaules, des crampes dans le dos, des épingles aux genoux. Je crie un peu pour la forme et je prends son fusil.

Et de deux.

Un fusil sur chaque épaule, un éclopé à chaque bras, je ferme la marche des traînards.

A chaque instant, un éreinté perd courage, s'assied sur le bord de la route, la figure pleine d'un réel découragement.

La persuasion, la colère, la menace de punitions, tous les moyens parviennent peu à peu à porter en avant cette foule de malheureux encore peu initiés aux douloureuses épreuves d'une première étape.

*_**

Un capitaine adjudant-major vient faire une tournée en arrière.

A ce moment, je porte six fusils, un accroché à chaque épaule par la bretelle, les autres entassés derrière mon dos. Et

toujours mon gros ventre de trente-cinq ans à mon bras gauche et mon moutard belge à ma droite.

Le capitaine me fait des compliments, ce qui me flatte beaucoup.

Et nous cheminons péniblement à travers une sueur abondante, un silence parfait que troublent la musique monotone des sabres heurtant les bidons et les quarts, les respirations accélérées des bouches grandes ouvertes, les sons durs et réguliers des gros clous de souliers tombant lourdement sur le pavé de la route : symphonie triste d'une foule de pauvres hères que la fatigue abat.

Le chemin, blanc de poussière calcaire et de soleil, comme un ruban infini, semble ramper aux bords lointains de l'horizon.

On n'arrivera donc jamais !

A cinq heures du soir, ça y est cependant. Cristi ! ce n'est pas malheureux ! Il ne manquait personne. J'étais content et très fatigué.

Rien dans le ventre depuis dix heures du matin, et six fusils sur le dos pendant sept heures.

Crédié ! que la première étape est dure pour un jeune soldat ! On s'habitue à marcher, à supporter les fatigues, car le courage grandit avec les épreuves. Mais on souffre toujours.

Allons, assez écrire pour aujourd'hui. Je ferme ma tente. J'éteins ma bougie et je n'aurai pas besoin qu'on me berce pour m'endormir.

* *

Nous venons de faire une jolie équipée, le grand Magny, Pascal et moi.

La journée avait été rude : trente-cinq kilomètres, de la poussière jusqu'à la cheville, et un soleil d'un chaud !

En arrivant, le service assuré, nous

allons dîner. Nous étions d'une gaîté folle. Après dîner, nous partons en ballade, ici, là, au hasard, partout.

Traversant la place des Quinconces, il me prend l'envie de grimper sur un arbre. Je me hisse à l'instant au sommet d'un platane, où je continue à fumer ma cigarette.

Ahurissement de mes camarades. Ils ne m'avaient pas vu disparaître tellement mon ascension avait été rapide.

Et deux heures du matin sonnaient dans une nuit d'encre.

Mes copains se mettent à crier comme des sourds, m'appelant aux quatre points cardinaux.

J'étais muet comme un sarcophage.

Ces cris attirent un bon gendarme en fonction de tournée. Il prie ces messieurs de vouloir bien mettre une petite sourdine à leur ardeur vocale, car les habitants et l'autorité finiraient par se fâcher.

— Comme vous y allez, vous! dit Magny. Mais vous ne savez donc pas, excellent représentant de l'autorité, que notre camarade Charlier vient de disparaître à l'instant. Il était là où vous êtes, puis, soudain, psitt ! ni vu ni connu, pas plus de Charlier que dans mon œil. Et vous venez en face de notre douleur légitime nous ordonner de nous taire ! Vous piétinez sans remords sur nos cœurs meurtris, vous torturez nos souffrances. Nous taire, nous, monsieur le gendarme, jamais de la vie, vous entendez bien ! Il nous faut Charlier, le brillant et sympathique sergent-major de la 3ᵉ du 2, ou nous disons tout !

— Allons, allons, messieurs, je crois que vous vous moquez un peu de moi, répond la maréchaussée, rentrez au quartier tranquillement et Charlier vous sera rendu.

— Bon, voilà maintenant que vous ajoutez l'ironie à la cruauté, riposte Magny. Mais vous n'avez donc pas compris ? On nous a pris notre Charlier, vous dis-je. Nous ne le lâcherons jamais.

Holà! Charlier, dis-nous donc où tu perches! Epargne-nous de vaines alarmes, soulage nos âmes en peine. Hé! Charlier!

**

Le gendarme commençait à fumer ferme.

— Encore une fois, messieurs, cessez cette fumisterie, ou je vous fais empoigner.

Ça commençait à sentir mauvais. Magny et Pascal deviennent tout à fait inquiets.

— Où est-il fourré, cet animal-là? crie Pascal, peu poliment.

— Cré mâtin! quel tapage vous me faites, m'écriai-je soudain, avec une voix lointaine de ventriloque, impossible de fumer sa cigarette tranquille dans cette sale garnison.

— Oh! fait Magny, c'est sa voix, la voix de notre cher collègue, sa voix d'or, c'est elle, l'avez-vous entendue, monsieur le gendarme? c'est sa voix, vous dis-je, je le jure sur votre tête.

Le gendarme, intrigué, sérieusement en colère, promène ses regards partout sans rien découvrir.

— Je vois qu'on se fiche de moi, et j'en rendrai compte à l'officier commandant le détachement.

Moi, toujours de la même voix de ventriloque :

— Non, non, je vous en supplie, ne faites pas chose pareille, vous jetteriez la désolation dans l'âme des sergents-majors. Dis, mon bon petit gendarme, n'est-ce pas, que tu ne diras rien à notre chef?

Le brave homme en perdait un peu la tête. Puis, se ravisant, en garçon qui la connaît, il se prend à grogner avec indulgence.

Les deux sergents-majors et le gendarme se mettent de suite à fouiller partout. Et je fumais toujours, à cheval sur une belle branche du platane.

※
※ ※

La position commençait à me gêner.

Tout à coup, l'autorité, habituée aux recherches des malfaiteurs, aperçoit le feu de ma cigarette, et m'interpellant :

— Je vous prie de vouloir bien descendre à l'instant, cette farce a déjà trop duré.

— Nom d'un chien ! crie Magny, tu étais là tout le temps et tu n'en disais rien. Tu nous a f...ichu une sacrée frousse, tu sais. Et monsieur le gendarme qui voulait nous coffrer.

— Je m'en moque pas mal, m'écriai-je, avec conviction. Est-ce que je n'ai pas le droit, dans un pays libre, de fumer ma cigarette où bon me semble ? J'aime les arbres, moi, ça me botte, ces choses-là ! Eh bien ! j'y grimpe et je m'installe. Qui ose m'interdire ce plaisir ? Je ne fais pas de politique, je ne suis pas électeur, je ne demande pas la séparation de l'Eglise et de l'Etat, moi. Quoi, alors ? Je fume, et voilà tout.

— Descendez, je vous prie, la municipalité défend de monter dans les arbres, et puis il est deux heures du matin, il faut rentrer au camp.

— Comment! la ville défend aux soldats de la patrie la jouissance des arbres? Une bonne d'enfant avec son marmot, le chien de M. le maire qui les macule sans pudeur, tous les bourgeois, riches ou pauvres, manants ou grands seigneurs, peuvent venir impunément prendre le frais sous le feuillage de ce vert platane, et moi, sergent-major de la 3ᵉ du 2, vingt-huit ans, sans une tare, je n'aurais pas le droit de jouir de ce même feuillage à ma guise, ça, c'est trop fort, par exemple! Je proteste avec énergie contre de pareils procédés. Dis, mon bon petit gendarme, je vous aime bien, mais ma cigarette est éteinte. En avez-vous une à me donner? Dis oui, veux-tu? et je descends.

Le gendarme se met à rire avec entrain. L'autorité était désarmée.

Je descends lestement.

Mais, horreur ! je tombe à pic sur le sinciput d'un sergent de ville, attiré par le bruit.

Nouvel écueil à éviter. Nous parlementons. Le sergent de ville se fâche tout rouge, le gendarme s'en mêle, prenant fait et cause pour nous.

Ils sont prêts à en venir aux mains.

Nous laissons là nos deux braves gens se disputer et nous rentrons au camp.

Le lendemain, au rapport, le commandant nous fait une semonce à l'oseille.

— Ne recommencez plus, dit-il, car je vous punirais sévèrement.

Voyez-vous ça! ce sacripant de sergent de ville qui avait fait son rapport!

**

Je note ici cette petite histoire dont la gaieté puérile a réussi à amuser un bon gendarme et trois soldats après de rudes étapes.

Seul, le sergent de ville a conservé dans son cœur la rigidité professionnelle. Un sourire aurait pourtant été de bonne guerre.

**

Je me sens tout ému ce soir en écrivant ces lignes.

9

Il fait si triste dehors. Une pluie d'orage tombe sur ma toile de tente, le factionnaire tout près marche dans la boue, les chacals glapissent dans la montagne, le tonnerre gronde au loin, les éclairs fouettent les nuages et le murmure des voix du camp semble un plainte mourante.

Ce matin, il faisait un beau soleil.

A neuf heures, une cinquantaine d'hommes en grande tenue, commandés par un officier, partaient pour la messe militaire.

L'escorte est en place : la musique à droite, les tambours et clairons à gauche, le piquet au centre formant une double haie.

Le colonel, suivi de quelques officiers, entre à neuf heures et demie.

Les tambours et clairons battent et sonnent, le piquet porte les armes, le prêtre se dirige vers l'autel et la messe commence.

La musique soupire un morceau sacré,

d'une douceur mystique, où les sons d'orgue murmurent dans une inspiration divine.

Le vieux prêtre à l'autel, avec ses cheveux blancs, très longs, ses magnifiques ornements, ses gestes lents, ses génuflexions, apparaît comme un être surnaturel descendu du ciel, dans une buée mystérieuse, entouré d'un limbe d'encens.

Le ton grave de ses prières évoque les souvenirs lointains de notre enfance.

Les parfums sacrés fument, planent et montent lentement vers l'Eternel dans de molles et transparentes traînées, qui disparaissent et se perdent avec les doux susurrements des fidèles; les voix émues des instruments emplissent le lieu saint et, dans leur exquise mélodie, implorent la protection du Dieu des armées.

Les nombreux assistants inclinent le front, le colonel et tous les officiers sont immobiles dans leur respect.

***

Soudain, la voix du commandant du piquet retentit sous la voûte. Le bruit des crosses de fusil frappe les dalles, éclate comme un coup de canon, la cloche de l'autel annonce la présence du souverain Maître, les tambours et clairons battent et sonnent aux champs.

Puis grand silence . . .

Un profond respect plane au-dessus de cette foule.

Le sacrifice est consommé.

L'officier commande de nouveau, la musique chante de joyeux accords, le colonel et tous les officiers saluent l'autel et défilent entre les deux haies de soldats, qui portent les armes.

La foule s'écoule lentement hors de l'église. La messe est finie.

***

Quel ennui ! Voilà qu'on supprime

maintenant cette messe militaire. C'était pourtant bien beau, ça ne faisait de mal à personne et tant de plaisir à un si grand nombre!

Le soldat est généralement peu dévot. Les nécessités de son état l'éloignent des pratiques religieuses, mais il aime parfois à se retremper dans les principes de son enfance. C'est une consolation après de grandes misères. Le priver des quelques devoirs que le règlement lui imposait me semble bien puéril.

Il est vrai que la liberté des cultes est entière, mais le faste militaire rehaussait singulièrement le service divin. Et il attirait de si belles dames, de si élégantes demoiselles sur lesquelles nos regards de troupiers se reposaient si chastement!

Hélas! tous ces beaux spectacles sont disparus avec la messe militaire.

Voilà pourquoi je suis triste ce soir.

La Belle Juive

LARCHER, le sergent-major de la 1re, est un grand garçon timide comme une jeune fille, doux comme un agneau, perdant contenance sous le regard d'une jolie femme.

Aussi le soir, à cinq heures, quand il allait porter les pièces à son capitaine, il avait une peur bleue de rencontrer un être faible dans les escaliers.

Si madame la capitaine le recevait, comme cela arrivait quelquefois, Larcher n'y était plus. Un feu rose lui brûlait les oreilles, envahissait ses joues, lui mettait aux tempes un tic-tac endiablé. Des sautillements nerveux lui tordaient les lèvres, son cœur battait la générale, sa gorge se desséchait.

Impossible de répondre un seul mot aux paroles gracieuses de madame.

La pauvre femme y perdait son latin, ahurie, prise elle-même de timidité en face de ce grand dada qui ne savait que rougir.

Le capitaine arrivait.

De suite Larcher se reprenait, parlant service avec la plus grande lucidité.

*
* *

Notre camarade déplorait chaque jour son invraisemblable couardise devant les femmes.

Comme tous les timides, il avait un cœur tendre, qu'il désirait faire valoir, s'efforçant en vain de se débarrasser de cette maudite peur pour voguer à pleines voiles sur la mer agitée des amours.

Il trouva enfin sa boussole tant désirée, son étoile magique qui devait lui faire franchir le terrible Rubicon de la timidité, et cela sous les formes d'une juive abondante.

Jeune, à peine dix-huit ans, et déjà replète et ronde comme un tonneau; mais de cette chair brillante, de cet éclat incomparable, qui est l'apanage des femmes d'Israël dans leur tendre jeunesse. Des yeux de velours, immenses, indécents dans leur inconsciente langueur, un teint ensoleillé de blancheur, saupoudré du coloris vif d'un sang généreux. Un sourire d'une chasteté irrésistible, avec une bouche aux lèvres folles, gonflées de désirs et de promesses, s'ouvrant insolemment sur la nacre blanche et régulière de ses fines quenottes. Un nez d'une esthétique idéale, avec des narines minces et mobiles, des pétales de rose frémissants comme des battements d'ailes de papillon. Beauté copieuse telle que la rêvent les Orientaux.

*_**

Chaque matin avant le rapport, en

attendant l'arrivée du colonel, tous les sergents-majors du régiment flânaient dans la rue devant le poste, regardant les passants, humectant parfois leur gosier d'un excellent verre de trois-six que leur servait le fournisseur en face de la grille.

Au-dessus du fournisseur logeait la belle juive.

Elle aussi guettait un sauveur, et à l'heure du rapport, pendant la flânerie de l'attente, elle apparaissait, souriante et fraîche, à la croisée de son salon.

Sa venue était attendue comme la manne du matin, et sa présence saluée par une multitude d'yeux ardents, qui tous lui adressaient de tendres et pressantes sollicitations.

*
* *

Larcher jouait son petit rôle dans ce concert de regards brûlants. Loin de lui cependant l'idée de croire qu'il pouvait être distingué des autres.

Le timide est habituellement modeste et Larcher est décourageant de modestie, quoique cette excellente vertu ne soit nullement de mise chez lui.

C'est un très beau garçon. Grand, moustache frisottante, chevelure noire, drue et bien plantée, tête fière solidement attachée à deux épaules robustes, torse souple, jambes bien moulées, extrémités fines et des yeux petits, gracieux, profonds, d'où jaillissent des éclairs d'une douceur foudroyante. Des cils de soie, papillotants, des sourcils comme des hachures bien arquées, fines et fournies, un nez d'une coupe décidée. Et quelle belle barbe au menton! Deux pointes noires comme l'ébène, d'une facture délicate, ondulées comme la chevelure d'un Adonis.

Et cet imbécile de Larcher était fort surpris quand ses camarades lui disaient chaque jour, en le blaguant, que la belle juive lui tirait dessus à pleines bordées.

Il protestait avec énergie, se retirant

chaque fois un peu offusqué de l'insistance de ses camarades.

Sitôt disparu, la douce fille d'Israël fermait brusquement sa fenêtre, avec un geste de dépit.

Désappointés, les sergents-majors rentraient au quartier et blâmaient Larcher de les avoir privés du plaisir de leurs yeux.

*

Peu à peu, notre ami devint inquiet, incertain.

Il rêvait la nuit, et toujours ses rêves prenaient les formes de la juive, lui souriant à sa fenêtre.

— Et si c'était vrai qu'elle me gobe? se disait-il, à part lui.

Et ruminant toujours, il prend enfin une décision héroïque, s'empare d'une plume toute neuve et couche sur le papier une de ces missives qui mettent le feu aux cœurs les moins combustibles.

Aux protestations d'amour, s'ajoutaient des serments éternels, des perspectives de bonheur, de mariage, est-ce que je sais, tout l'arsenal, toute la mitraille enflammée d'un cœur vraiment épris. C'était une lave brûlante, un fleuve de feu, une mer profonde de sentiments dévoués, dans laquelle il suppliait l'aimable juive de plonger avec lui.

Et tout cela était vrai.

Larcher écrivait sa pensée, il aimait sa belle à fond, ne s'appartenant plus, tout à elle, corps et âme, sa chose, sa bête à tout faire.

*
* *

La lettre écrite, il s'agissait de la faire parvenir.

Un hasard le favorisa.

La Pâque approchait et les juifs de la ville invitaient leurs coreligionnaires du régiment à venir manger le gâteau de la fête sous leur toit.

Au jour dit, Larcher remet sa missive à un caporal de sa compagnie, hébreu d'Alsace, qui était convié dans la famille de la jeune fille.

Puis ce fut une vie de fièvre. Il dormait difficilement, mangeait à peine, guettant avec appréhension l'arrivée de son messager.

Celui-ci, les premiers jours, ne trouva pas l'occasion d'accomplir sa mission, mais un beau soir, tout heureux, il apprend à Larcher que sa dame consentait à le recevoir le lendemain, chez elle, au haut de l'escalier.

Diable ! un certain froid se répand dans les articulations de notre camarade. Etre reçu dans un escalier lui semblait un peu terne.

Mais il ne faut pas reculer pour si peu. Les escaliers promettent beaucoup et tiennent parfois leurs promesses. Et le lendemain, exact au rendez-vous, il attendait.

Il attendit, il attendit, et rien. Et c'était le dernier jour de la Pâque.

La journée fut brumeuse pour Larcher. Dans son cœur en pleurs s'amoncelaient des idées vagues d'avoir été floué, des révoltes de vanité et d'orgueil bernés, toute une mine de tortures, de désappointements cuisants.

Mais inutile de pleurer, il faut agir.

*
* *

Connaissant le nom de la jeune juive, il file directement vers le bureau de poste, s'abouche avec un facteur qu'il corrompt sans scrupules, et lui confie une lettre avec recommandation de la remettre en personne à son adresse.

Quels touchants reproches! quelles douloureuses et douces plaintes! quelles tendres supplications dans le petit mot que le facteur portait au fond de sa sacoche.

Perdu dans le fatras des papiers d'affaires, noyé dans l'indifférence des paquets de journaux, il exhalait comme un parfum d'amour, soupir plein de larmes d'un pauvre cœur blessé, fleur bien timide, tout émue de sa mission passionnée.

Et le facteur, impassible, marchait toujours, continuant sa tournée quotidienne avec la conscience tranquille du devoir accompli.

La lettre est remise.

Elle disait l'anxieuse et vaine attente de Larcher dans l'escalier. Il était là seul avec les battements de son cœur, et sa cruelle amie n'avait pas daigné venir un instant, un seul petit instant le tirer de sa profonde angoisse. Comme il tremblait au moindre bruit, craignant de voir apparaître la face sévère de la maman, une rigide et immense matrone, ou la barbe blanche du papa, long, maigre et offensé.

Et bien d'autres choses encore.

On ne saura jamais assez quel drame renferme un rendez-vous manqué au haut d'un escalier.

*
* *

Attablé devant un café, à l'heure du facteur, Larcher guettait son messager.

Un jour, deux jours, dix jours se passent, et rien. Le facteur protestait de sa fidélité, jurant ses grands dieux qu'il avait remis la lettre à son adresse.

Pour comble de malheur, aucun indice, éclipse totale de la belle juive. Plus d'œillades à la fenêtre, les volets étaient clos.

La désolation régnait dans le clan des sergents-majors. Tous reprochaient à Larcher de les avoir privés de leur bonheur de chaque jour, des minutes délicieuses de l'attente du rapport, où le sourire de la belle juive leur donnait le courage d'affronter la mauvaise humeur du colonel.

Notre camarade en séchait sur pieds. Il était méconnaissable, l'ombre de lui-même, promenant partout sa peine, portant au cœur une terrible blessure, que les bocks étaient impuissants à guérir.

Abandonnant le café, il s'en fut au loin chaque jour errer par la ville comme une âme en peine.

Il affectionnait particulièrement un endroit écarté, un coin du jardin public, où, assis sur un banc rustique, le menton dans la main, l'œil indécis, il prenait racine jusqu'à l'heure de l'appel.

Le parfum des fleurs, le chant des oiseaux, le bruissement léger de la petite fontaine adoucissaient peu à peu ses douleurs, lui faisant comprendre que la belle juive n'était pas seule de son espèce, et qu'il y avait encore de beaux jours dans la vie.

Puis il finit par l'oublier complètement. Cette aventure, à peine ébauchée, s'était évanouie dans le néant. C'était de l'histoire ancienne.

Larcher avait repris ses habitudes, avec sa timidité, qui avait reconquis tous ses droits.

* * *

Un incident banal vint réveiller toutes ses ardeurs.

Un bataillon rentrait de détachement, tambours et clairons en tête.

Tout le monde était aux fenêtres, la rue était bondée.

Attiré par sympathie, Larcher dirige ses regards vers une croisée. Il fut inondé de joie.

Là, plus belle que jamais, son amie lui souriait. De la main, elle ose, en rougissant, lui adresser un baiser succulent. Et d'un geste de résignation, elle lui fait comprendre qu'elle est captive.

Notre ami jure de suite de la délivrer.

Mais le soir même, accidentellement, tous les secrets lui étaient dévoilés.

La jeune fille était mariée et escortée

d'une tante mûre, portant le même nom qu'elle. Le facteur avait remis la lettre à la tante. Celle-ci, jalouse, s'était empressée de communiquer le poulet au mari, qui avait déplacé et séquestré sa femme.

De plus, on lui apprenait que le maître de sa belle avait engagé des gens pour le bâtonner s'il s'aventurait à faire de nouvelles avances.

*
* *

C'était là le dénouement. Lui, sergent-major de la légion étrangère, se faire bâtonner par un juif! C'était réellement par trop fin de siècle.

Il savait que le seigneur de sa dame vendait des draperies sur la place de la République.

Accompagné d'un camarade, il saisit l'instant propice, s'élance sur son homme qui cause avec des clients devant sa porte, l'attrape par la peau du ventre, le secoue comme un prunier, et, l'interpellant :

— Ah! c'est toi qui veux me faire bâtonner! mais regarde-moi donc bien dans l'œil pour voir si j'ai la trogne d'un homme qu'on bâtonne. J'ai courtisé ta femme sans savoir qu'elle était mariée, mais maintenant je la courtiserai davantage. Et gare la bombe, hein! si tu tentes quelque chose contre moi!

Ce disant, Larcher imprime un mouvement rotatoire à la massive structure du juif et lui applique au tournant un magistral coup de pied dans une surface ample et arrondie, faite exprès.

Le juif n'était pas satisfait, mais il se tint coi et cacha sa femme et ses bâtons.

Quant à Larcher, il continua ses manœuvres contre la belle et savoureuse israélite, et toujours sans succès.

Si cependant, puisque à la fin ses efforts furent couronnés par huit jours de prison, écueil fatal dans l'armée, contre lequel vient infailliblement se briser toute œuvre illégitime.

Mais notre camarade perdit sa timidité dans la débâcle, et il serait prudent de s'en méfier maintenant, car il est devenu un lutteur audacieux dans le champ des amours.

Depuis, sa belle amie a beaucoup maigri.

Étapes

Nous sommes à Mascara.

C'est la ville d'Abd-el-Kader. Les ruines de son château font encore prime sur le marché de géographie locale. C'est une vieille masure en pierre transformée en écurie par l'autorité militaire. Les environs sont d'une malpropreté tout orientale, et le flâneur insouciant risque fort de fouler aux pieds nombre de petits écueils d'odeur perfide, que déposent chaque nuit des passants sans scrupule.

Mascara possède d'excellents vignobles.

C'est aussi un site remarquable. Accrochée à la nue par une extrémité, elle appuie l'autre sur la plaine d'Eghris, de fameuse mémoire, et paraît de loin prendre un bain nébuleux, quand le ciel est sombre.

Le commerce européen y languit, mais tous les vendredis elle réunit autour de son enceinte des milliers d'Arabes qui, de trente lieues à la ronde, viennent y vendre leurs marchandises.

Les Espagnols y règnent comme débitants de liqueurs, les juifs pullulent et accaparent la draperie, les Français y résident comme fonctionnaires ou rentiers, et le soldat, par force.

Quelques spacieux bâtiments en décorent les plus beaux endroits, entre autres l'hôpital militaire, qui, situé sur un point dominant, regarde au loin les nuages se déchirer sur la chaîne du moyen Atlas.

Son enceinte est un polygone irrégulier, accidenté de quelques bastions et percé de cinq portes.

* *
*

Plusieurs petits villages ont pris pied dans les environs, parmi lesquels Bab-Ali, rendez-vous des amoureuses, des troupiers et des charmeurs de serpents.

Le promeneur se heurte à chaque pas à quelque groupe, au milieu duquel pérore un loqueteux Arabe, qui embrasse de dociles reptiles.

Bab-Ali mérite d'être vu et j'y allai pour donner raison à la tradition.

Je tombai bientôt sur un vieillard cuivré, aux mille rides, à la tête rasée de près.

Assis par terre, au milieu de la rue, un stoïque petit noir se faisait tranquillement lécher la bouche, les yeux et le front par la langue visqueuse et fluette d'un gros serpent que le charmeur tenait par la queue.

A trois pas de là, formant demi-cercle et assis dans la poussière, un tambour et deux flûtes de roseau exécutaient une mélopée lugubre, déconcertante pour une oreille européenne.

Le reptile en avait bientôt assez de ces exercices et son maître le renvoyait à sa peau de bouc, où il se blottissait avec volupté, comme un acteur fatigué s'affale dans sa loge après une scène à effet.

Le charmeur criait et mimait ensuite une prière arabe, avec des suppliques nerveuses, des gestes épileptiques, des salamalecs à donner le mal de mer.

Les spectateurs priaient avec lui et

tous s'en allaient lentement, émerveillés dans leur stoïque indifférence.

Après le départ du public, le charmeur comptait tranquillement ses gros sous.

**

Encore une équipée.

Ce grand Magny n'en fait jamais d'autres. Heureusement pour lui, qu'il a une voix de contre-basse, une moustache énorme, un cou de taureau, des épaules et des bras bien musclés.

Ici, à Mascara, le peuple qui s'amuse est très gai. Souvent des bals.

Nous y allons, Magny, le fourrier de la première et moi.

Nous voilà, dansant, tourbillonnant dans la poussière, enlaçant de belles Arabes, des Algériennes délurées, de brunes Espagnoles, valsant comme des enragés.

Ribo, le fourrier, serre de trop près une délicieuse Espagnole, à qui il parle dans sa langue, car Ribo, fils d'une cantinière du régiment, est Espagnol par sa mère.

Les compatriotes de la belle fille s'offusquent, les autres s'en mêlent.

Ribo tient tête à tous, riposte avec violence et l'affaire se corse considérablement.

**

Le bal sévissait en plein air, à l'intérieur d'une enceinte en planche. Dans un angle, se dressait une table en bois brut, un comptoir et plusieurs chaises.

Magny me dit :

— Nous ne sommes que trois, et ils sont une vingtaine. Ça va barder tout à l'heure. Ribo nous a fourrés là dans un sale pétrin. Il faut sortir d'ici cependant. Regarde bien et fais comme moi. Une, deux, trois, ça y est !...

Il empoigne une chaise, saute sur la table, criant à tue-tête : « A moi, la légion », et s'élance dans le groupe qui entoure Ribo.

Il cogne de la chaise, des pieds, de la tête, des épaules, se démène et crie comme un fou furieux.

Son exemple me stimule et je l'imite, plein d'entrain. Ribo suit le mouvement.

C'est un concert de hurlements bien nourris.

Les femmes crient, se sauvent partout et se cachent dans les coins.

En un instant les fiers hidalgos se précipitent vers la porte, se cassent les ongles et les doigts dans leur précipitation pour l'ouvrir, y réussissent enfin, et les voilà dans la rue.

La porte se referme et nous restons tous trois maîtres de la place.

Les danseuses reviennent de leur frayeur. Surprises de nous voir seuls, elles s'approchent, nous questionnant :

— Où sont donc les soldats ?

Les naïves enfants avaient cru à l'envahissement du bal par les légionnaires.

Et aussi, cet animal de Magny, avec ses hurlements, les avait trompées. Il criait en basse, en ténor, en baryton, en contralto, puis de nouveau en basse, variant ses notes, multipliant ses coups et ses bousculades, faisant à lui seul plus de besogne que vingt hommes.

Sans compter que nous l'aidions bien un peu.

Nous étions maîtres des danseuses et de l'enceinte, mais il fallait en sortir. Voilà le *hic*.

Ces fils des Espagnes sont habiles dans le guet-apens des coins de rue, et ils ont le couteau facile.

Mais le maître du lieu nous tire d'affaire en nous expédiant par une porte intime.

Et nous, les vainqueurs, nous quittons honteusement la position conquise, l'oreille basse, fuyant les vaincus.

En écrivant ceci, je prends la résolution de fuir la société de Magny, qui finirait par nous faire casser les reins un de ces jours.

* * *

Nous sommes à Sidi-Abdelli, un creux pas bien loin de Tlemcen.

Sept étapes pour arriver ici : Aïn-Fékan, très renommée par ses fièvres; Mercier-Lacombe, avec un beau lavoir, un brave curé et d'excellents poulets; El-Graïer, dont le puits a soixante mètres de profondeur, et Bel-Abbès, où stationne la portion principale du régiment.

Notre entrée dans cette ville fut très remarquée. La barbe longue, le visage sale, poussiéreux et cuit par le vent et le soleil, les habits souillés par la route et les bivouacs, le bon ordre de la marche, la crânerie des allures, pas de malades sur les cacolets, autant de signes qui annoncent une bonne troupe, venant de loin et rompue aux fatigues.

La musique était venue au-devant de la colonne. Je ne l'avais pas entendue depuis deux ans.

Mon cœur battait un gai tintin. J'étais heureux et fier, et tout le monde en faisait autant.

*
* *

Après un jour de repos, nous repartons pour Sidi-Abdelli.

La première étape, Aïn-el-Hadjar, est insignifiante. Des maisons de pisé et de boue, quelques cantines espagnoles, et un petit cours d'eau, où nous prenons des barbeaux.

Mais la journée suivante est digne de l'histoire.

D'abord j'y perdis mon chien, mon pauvre *Puppy*, si sagace pourtant, égaré dans la forêt, peut-être mangé par les chacals.

Nous avions trente kilomètres à faire.

Et voilà qu'un colon obligeant indique à notre commandant une traverse qui nous abrégera de cinq kilomètres.

Nous nous y engageons à travers monts et ravins, au milieu d'une forêt épaisse.

Mais, au soleil levant, l'orientation faite, nous nous trouvons face à une direction opposée au but.

Faisant demi-tour, nous revenons en arrière reprendre un autre sentier.

Bientôt nous sommes aux prises avec de nombreuses routes courant dans toutes les directions. Nous en prenons une au hasard.

Se présente un profond ravin, où jaillit une source. Nous y faisons le café et la grand'halte. Il est dix heures du matin et nous avons marché plus de vingt-cinq kilomètres, donc le gîte n'est pas loin.

Et nous remarchons jusqu'à trois heures sans voir une seule habitation.

Quelle traverse ! Bon Dieu ! Quelle traverse !

Les hommes jurent et se découragent un peu, la sueur coule en gouttières, quelques traînards lâchent prise, je perds mon chien et nous marchons toujours.

* *
*

Enfin, voilà une maison et un puits.
Un Arabe nous apprend froidement

que nous avons encore une vingtaine de kilomètres à faire et nous venons d'en stepper plus de quarante.

Aïe! Aïe! sale coup! Voilà un raccourci qui double précisément l'étape annoncée.

Et ce n'est pas tout ça! Quelle route, grands dieux, quelle route! Des sentiers impraticables, des ravins, des abîmes ici, des montagnes par là, et des arbres si dru-semés tout le long, que nos sacs et nos fusils s'accrochent à toutes les branches.

Mais il n'y a pas à dire. Il faut arriver. Et allez donc!

La sueur recommence et les traînards aussi.

Enfin, à sept heures du soir, nous voyons Aïn-Tallout. Encore un rocher à escalader et nous camperons.

Les hommes arrivent au gîte en tirailleurs, les derniers à dix heures du soir.

C'est une étape manquée.

* * *

Le gargotier, en arrivant, me vend un verre de vin très frais. En le buvant, je me sens pris d'un vertige qui me brouillarde la vue et sonne un violent carillon à mes oreilles, avec des coups de canon dans le crâne.

— Voyons, mon vieux, insinuai-je tout inquiet, ça ne va plus alors ! Tu veux t'évanouir comme une femme ! Du nerf, nom d'un chien, du nerf !... Sacrebleu ! tu t'en vas, mon ami !... Ça y est !...

Oui, oui, cause toujours, du nerf, c'est bien beau, mais la fatigue est belle aussi.

Et, ma foi, je n'y suis plus du tout. J'ai les yeux dans la nuit et la tête dans un vacarme du diable. Un tourbillon m'empoigne et me fait circuler comme une toupie, avec tout ce qui m'entoure : table, verre, gargotier et portrait du

Président de la République, qui me regarde avec ironie dans son cadre doré accroché au mur. Puis, tout s'arrête; je m'endors tout à fait.

Je rêve étape, traverse, ravin au fond duquel un Arabe me bondit dessus, m'empoigne et me secoue comme une vieille loque. Je me réveille. C'est un camarade qui me bouscule pour me rappeler aux convenances.

L'orage est passé, je vois clair et je respire.

* *
*

On s'habitue à tout, même à s'évanouir, mais c'est dur.

Voilà une excellente étape à noter sur mon carnet, et je ne manque pas de le faire.

Le lendemain, après quelques kilomètres, nous arrivions à Lamoricière, et quatre heures de marche, le jour suivant, nous déposent ensuite à Sidi-Abdelli.

Un jour de repos met un peu de baume sur nos souvenirs de la route.

Manœuvres

Nous venons de faire une manœuvre de division à notre camp de Sidi-Abdelli.

Ça chauffait dur depuis notre arrivée ici. Notre général de brigade était très actif. Les ordres pleuvaient comme grêle, les manœuvres se succédaient sans interruption : pas un moment de répit, toujours sur les dents.

Notre chef paraissait y mettre une certaine humeur.

Crédié ! aussi. Le lendemain de son arrivée au camp, des farceurs s'étaient introduits chez lui, sous sa tente, et avaient fait place nette : épées, dolmans, pantalons, culottes, képis, tout y avait passé. Au réveil, le général, drapé dans sa chemise de nuit, s'était vu forcé d'emprunter un indispensable, qui lui permît d'attendre une nouvelle garde-robe.

Ces histoires-là sont toujours un peu aigres, même pour un général.

Comme de juste, il nous fit payer la note de sa mauvaise humeur : avant-postes, marches, manœuvres de bataillon, de régiment, de brigade, fallait voir ça. On crachait du vitriol.

* *
*

Hier, le général de division arrive.

De suite, les ordres sont donnés pour un grand combat.

Trois bataillons de turcos, un de zouaves, de la cavalerie et de l'artillerie reçoivent la consigne de s'esquiver du camp, la nuit, en grand secret — que nous connaissions tous — et d'aller n'importe où prendre position dans un rayon d'une dizaine de kilomètres. Le reste de la division devait les chercher et leur livrer combat.

Ce matin, la cavalerie partait dans toutes les directions, même dans la bonne, pour aller tâter l'ennemi et prendre contact avec lui.

Au camp, les sacs sont faits, les faisceaux formés. On attend le coup de clairon qui doit nous mettre en route.

A neuf heures, ta, ta, ra, ta, ça y est, l'ennemi est pincé. Il est là-bas, à dix kilomètres, sur la route de Lamoricière, occupant une hauteur d'un accès peu commode.

Nous partons en ordre de marche. A la pointe dont je fais partie est adjointe une batterie de 80 de campagne. Six beaux chevaux traînent chaque pièce. Au fond d'un ravin bourbeux, les bêtes en ont jusqu'au ventre, les moyeux des roues disparaissent dans la boue, les affûts et les caissons s'enfoncent dans la gluante mélasse.

Une inquiétude me prend, nous allons laisser là nos pièces.

Mais, aïe donc ! Les conducteurs font claquer leurs fouets, les chevaux donnent franchement et traversent au galop le passage difficile, entraînant au complet hommes, bêtes et matériel, le tout intact, mais très sale.

Quelle belle arme !

Puis, soudain, boum ! boum ! Des coups de canon. L'artillerie a déjà pris position et foudroie l'ennemi. Les pièces de là-bas répondent avec entrain.

C'est un concert en partie double qui remue l'âme du dilettante militaire. La fumée — encore une tradition qui s'envole — jaillit en poussées épaisses, obscurcit un instant l'atmosphère, et s'élève ensuite gracieusement pour disparaître dans les caresses légères d'une brise animée.

*
* *

La préparation à l'attaque est terminée.

L'avant-garde reste près de la batterie comme soutien. Les autres troupes nous dépassent et vont prendre position en avant.

Peu après, on déchire joliment de toile par là.

L'artillerie nous lâche bientôt, se porte plus loin, suivant les phases de l'action, et nous restons en réserve. Groupés en masse, nous dégringolons au fond d'un ravin, à l'abri des coups et des vues de l'ennemi.

Et toujours en avant de nous, du canon et de la fusillade. Dans l'atmosphère pure d'une matinée d'automne, les détonations frappent l'air avec des bruits secs qui nous secouent les nerfs. On croit que c'est arrivé.

Soudain, psitt ! pan !... tiens, une

balle ! Chantant à nos oreilles, elle est allée se ficher en terre derrière nous. Aïe ! Aïe ! ce n'est pas pour rire. Venir ici pour faire une manœuvre à l'eau de rose et recevoir un pruneau authentique, ça dépassait le programme.

Psitt !... pan !... encore, sacrebleu ! La première, passe, elle donne un choc aux cœurs et de la pâleur aux visages, mais la seconde fait résonner les cordes sensibles et brasse la bile. Il y a quelque chose de cassé par là.

Voilà que ça continue cependant. Bizz !... Bizz !... trois ou quatre autres qui viennent encore taper dans les palmiers nains, derrière nous.

Furieux, nous sommes tous debout. Les baïonnettes se fixent au canon d'elles-mêmes. Les hommes jurent, les rangs ondulent, un signe, un regard, un rien, et nous bondissons en avant pour montrer aux turcos que les légionnaires n'ont pas l'habitude de recevoir des coups sans les rendre.

Les officiers ont toutes les peines du monde à mettre le holà.

Le général de division, qui passe en ce moment à cent mètres en arrière de nous, est désagréablement dérangé dans ses doctes explications à son état-major par un projectile qu'il l'effleure. Il fait sonner le rassemblement.

* *

Rentrés au camp, une enquête est ouverte. On ne découvre rien.

Le rapport officiel raconte que, malgré toutes les précautions prises, certains hommes ont dû conserver quelques cartouches à balles et les mettre par erreur dans leurs armes pendant l'action.

Ceci est très simple, mais fort ennuyeux. Car, si un projectile avait fracassé un des nôtres, on en aurait vu de belles.

Je soupçonne les turcos d'y mettre une certaine complaisance. Il en coûte si peu pour eux de supprimer un Français par mégarde, et c'est toujours un roumi de moins.

Le soir, les hommes des différents corps trinquaient ensemble dans les cantines et se faisaient part de leurs émotions. Les turcos et les zouaves avaient également reçu des projectiles, disaient-ils.

Qui sait? Le hasard est si grand, les erreurs, si faciles et le troupier n'aime pas le tir au moineau.

C'est égal, ces manœuvres sont assez dangereuses, malgré toutes les précautions, quand il y a des turcos, des zouaves et des légionnaires comme acteurs.

*
* *

Je suis de grand'garde cette nuit. Il est deux heures du matin.

Hier soir, mon bataillon prenait les armes, et partait en tenue de campagne pour aller bivouaquer à quatre kilomètres du camp.

En arrivant sur le terrain, mon peloton prend position derrière un mamelon, et fractionnant ma troupe en deux petits postes, je m'installe de mon mieux à l'abri d'un figuier de Barbarie.

Les sentinelles doubles sont placées, tout va bien, et couché sur le dos, la pipe à la bouche, j'attends philosophiquement l'heure de ma ronde.

Les étoiles dansent là-haut, le ciel est pur, les hommes causent à voix basse, échappant parfois des rires étouffés, car tout bruit est défendu aux avant-postes.

Bientôt les causeries se sont éteintes, un silence complet règne sur notre petit camp.

* *

J'ai toujours les yeux ouverts. Quelle belle nuit pour rêver ! Mille bruissements légers percent l'air, bercent mon oreille et jettent insensiblement dans mon âme une sereine mélancolie.

La vie militaire est avant tout une bien belle chose.

Couchés dans le désert au milieu des fourmis, des scorpions, des couleuvres, des crapauds, on songe, en l'enviant, à l'ennui banal du bourgeois, qui dort bêtement, dans un lit moelleux que réchauffe, comme une étuve, le corps dodu d'une capiteuse épouse.

Songer avec calme à ses misères n'est pas comparable au dégoût des riches, qui sont tellement gonflés d'argent et de bonheur, qu'ils en crèvent de soucis. Et les villes, les cafés, les théâtres, les excellents dîners, les bons cigares, les jolies femmes, c'est assez démodé, un peu vieux jeu. On voit de ces choses-là depuis trop longtemps. Ici, nous avons le ciel comme abri, la terre humide pour reposer, des clairons, des tambours, des camarades pointus, des chefs aimables en tout jusqu'aux punitions incluses et une bonne gamelle, débordante d'un bouillon de la cruche, où s'entassent généreusement une feuille de chou vert, trois haricots rebondis, deux épaisses tranches de pain, quatre pommes de terre ridées et trouées de germes, le tout couronné d'une savoureuse tranche du cartilage d'un vieux bœuf.

Et puis dans les villes, on se couche sans appréhension, on dort sur ses deux oreilles, étranger aux émotions d'une ronde d'avant-postes. Chez nous, à l'instant, le factionnaire me prévient que c'est le bon moment pour la mienne.

Ça dure une heure. Des ravins à franchir, des rochers à escalader, des ruisseaux à traverser, de la boue parfois jusqu'aux chevilles, et une nuit de nègre.

Je rentre au petit poste à cinq heures. Tout va bien, le service est assuré.

Peu après nous revenions au camp, moulus, humides de rosée, les yeux rouges, boueux des pieds à la tête, courbaturés de partout. Notre tour de service était passé.

Les agréments de la vie militaire en temps de paix sont décidément incompris, même des initiés.

* *

Aujourd'hui, j'ai pu prendre un bain. J'en avais besoin.

Les sources du Marabout sont à quelques pas d'ici. L'eau est chaude et le bassin est assez profond.

Nous partons plusieurs ensemble.

Trois palmiers, dont les branches fluettes, régulières et allongées, retombent en panache gracieux, ombragent et indiquent l'endroit. De jolis petits cailloux ronds, bien blancs, faits exprès, tapissent le fond du réservoir. Les eaux sont calmes et transparentes; les rives, à pentes douces, toutes gazonnées de vert, sont parsemées de fleurs mignonnes et tardives.

Déposant nos habits sous un palmier, nous plongeons voluptueusement dans la source.

C'est le paradis. Nos sens s'engourdissent, une molle volupté s'empare de tout notre être. Nous nageons, béats, à travers un fluide bienfaisant, qui nous réchauffe, nous caresse, nous endort, nous anéantit dans une ivresse lasse, où il ferait bon rester toujours.

Longtemps, longtemps, nous balançons nos corps fatigués dans la tiédeur d'une eau limpide qui nous fait oublier les heures.

Enfin, le maudit clairon du rassemblement nous rappelle à la dure réalité.

Nous sortons vivement du bain, et, courant au camp, nous prenons place dans le rang, criant après les hommes, rectifiant les mouvements, grincheux comme des scies.

Si j'avais un droit d'aînesse à vendre, je le troquerais volontiers contre un bain dans les sources du Marabout de Sidi-Abdelli.

*　*
*

Les manœuvres sont finies, et un long jour nous sera accordé demain pour nous reposer.

Que faire ? Aller à la cantine des zouaves ? Peut-être. Dîner aux Quatre-Drapeaux ? Encore.

En attendant, dormons, demain nous verrons...

*　*
*

La nuit, a été calme, le ciel favorable, le sommeil assez tranquille, mais le réveil éclatait ce matin dans un joyeux flafla. La musique du régiment faisait des frais de bémols et de dièzes.

Tous les barytons, trombones, basses et pistons sonnaient en mesure, faisant frémir les toiles de tente, d'où émergeaient des têtes gonflées de sommeil, mais toutes heureuses de se réveiller avec la pensée d'une journée entière de repos.

*
* *

Cette nuit, j'ai été témoin d'une scène.

Ma tente n'est pas loin de la musique.

Le premier trombone, lesté d'absinthe et de cognac, est venu chercher son logement dans mes parages.

Il jurait comme tout homme doit le faire dignement quand il ne trouve pas ce qu'il cherche.

Les piquets et les cordeaux de tente sont des entraves gênantes dans les explorations nocturnes à travers un camp.

Le trombone, mâchonnant de gros mots, prenait un plongeon dans ma toile, rebondissait en pirouettant sur lui-même, s'abattait sur un cordage, se relevait de nouveau, faisait encore quelques pas, pour s'écrouler une dernière fois, paquet inerte de chair humaine. Cessant tout effort, il se contente de protester avec de sourds grognements. Vautré, flairant la boue, humant le sol, il reprend un peu du poil de la bête; manœuvrant des pieds et des mains avec son ventre comme pivot, il réussit enfin à se relever avec dignité. Reprenant un peu ses esprits, il se consolide sur ses jambes, cherche à s'orienter et repart de nouveau avec décision à travers l'inconnu des piquets et cordages, pour arriver enfin à sa tente, après avoir subi de bien cuisantes humiliations.

L'absinthe est un mauvais compagnon de voyage, la nuit, en pays accidenté. Le trombone boueux, moulu, écorché, n'a pas dû creuser longtemps cette reflexion. Aussitôt sous sa toile, aussitôt il ronflait en mesure.

Le sommeil est par contre un réconfortant supérieur, car, ce matin, en voyant mon musicien souffler avec éclat dans son arme, je ne découvrais aucune trace d'émotion sur son visage réparé.

* *

Après le réveil, en route pour le bonheur. Un long jour à flâner, à étudier les hommes et les choses.

Aller à la cantine, c'est le premier pas convenable que fait tout militaire honnête en campagne. La cantine est une force, un atout à la guerre.

Dans le trajet, je trouve un lavoir.

Un grand diable de tirailleur kabyle tape sur sa chemise, un artilleur brosse un pantalon, un spahi étire son turban, un légionnaire roule soigneusement son couvre-nuque, un zouave tord un caleçon, un chasseur d'Afrique nettoie ses basanes, un tringlot, sa veste, un ouvrier d'administration et quelques commis d'intendance lavent leurs faux-cols et leurs manchettes ; c'est une salade d'hommes de toutes tailles, d'effets de toutes sortes, et des cris, des rires, des conversations de tous les crus.

***

La scène me retient un peu.

Je prête l'oreille et je suis bientôt fixé. On critique la dernière manœuvre ; on se moque les uns des autres ; on passe au crible la conduite des chefs ; tout était mauvais, mal commandé, mal exécuté.

Ça réconforte pour l'avenir de voir que le moindre soldat est capable de tout diriger. J'ai ici une vingtaine de gaillards qui causent avec compétence de la tactique de leur arme. Avec de pareils soldats, les officiers n'ont rien à faire. Aussi je me retire avec la conviction que tous ces stratégistes gouailleurs ont l'aigrette du commandement quelque part.

Méfions-nous des déboires cependant. Beaucoup trop de jeunes gens qui s'engagent croient de suite que c'est arrivé et s'en vont Gros-Jean comme devant.

La parole est facile, mais l'action parfois difficile. Les critiques, les blagues sont vite lancées, mais la poire du commandement est généralement trop verte pour être cueillie.

* *
*

Je m'approche de la cantine en traversant le camp.

Les faisceaux sont formés, les sacs, tout préparés, s'entassent en pyramides régulières. On est prêt pour le départ du lendemain.

Les sergents et caporaux de semaine crient après les hommes de corvée, distribuent le campement de la route, partagent le sucre et le café, pendant que le factionnaire au drapeau, tout pénétré de ses fonctions, se promène lentement sur le front de bandière, sans se préoccuper de ceux qui l'entourent.

Les couvertures, roulées en ballots, sont entassées près des faisceaux, attendant les mulets du train qui doivent les transporter.

On a abattu les grandes tentes. Les fourriers, gesticulant, se démènent avec importance, comptant les piquets, les supports d'auvent, les maillets, classant, empaquetant le tout dans de grands sacs.

Partout la mine réjouie, l'allure affairée de la veille d'un départ longtemps désiré. Car, dans son inconstance enfantine, le soldat rêve sans cesse de changement. En route, il aspire au repos ; au camp, il désire partir.

**

Me voilà à la cantine des Quatre-Drapeaux.

Une majestueuse matrone à trois chevrons, le menton garni de la toison vigoureuse d'une barbe mâle, les yeux perdus dans un fouillis de rides profondes, le nez proéminent coloré de bourgeons exubérants, les hanches assises sur deux jambes formidables supportant une structure d'hercule, deux ballons à la poitrine, les mains larges, pâteuses, sales, avec des doigts en boudin et des ongles noirs de crasse, glisse sur le comptoir en planches brutes les nombreux petits verres que sa clientèle mélangée lui commande sans cesse.

L'attente est longue, mais mon tour arrive enfin, et, après avoir bu un coup avec un camarade, je retourne au camp fort satisfait des jouissances de ma matinée.

Je mange ma gamelle, je fume ma pipe, je rêvasse un peu, je fais la sieste, pour recommencer la même vie le soir et m'endormir de nouveau, heureux de penser que demain je serai en route pour Bel-Abbès.

※

Nous sommes à trente-trois kilomètres du champ de manœuvres.

L'étape a été assez dure.

Il avait plu toute la nuit et les eaux de la montagne avaient grossi un petit cours d'eau que nous devions traverser.

J'eus là l'occasion de me distinguer. Ces choses-là sont assez rares et je note celle-ci avec plaisir.

Il fallait passer la rivière à gué. De l'eau jusqu'à la poitrine et un courant à charrier tout le tremblement.

Ma compagnie est en tête.

Armé d'un long gourdin, je me fourre dans l'eau jusqu'à la ceinture. De là j'encourage mes hommes, leur tendant mon bâton, les aidant à m'atteindre, les poussant sur la rive opposée; ainsi de suite jusqu'au dernier homme.

Le colonel, avait vu ma manœuvre, et ma compagnie passée, il me crie :

— Restez là, sergent-major, puisque vous vous y plaisez tant, vous aiderez le reste du bataillon, et ce bain-là vous fera du bien.

*
* *

En effet, ce bain est excellent, mais il commence à faire un froid, et encore trois compagnies à défiler.

Les 700 hommes du bataillon, officiers compris, profitent de mon installation et traversent la rivière sans encombre.

A mon tour, j'arrive sur la rive opposée, et le colonel déjà là, me dit :

— Ce n'est pas mal, sergent-major, vous aurez de mes nouvelles à la prochaine proposition pour officier.

De telles paroles font toujours plaisir, et, grelottant de froid et de satisfaction, je m'administrai d'un seul coup une pleine gamelle de café bien chaud.

Après un moment de répit, nous voilà

de nouveau en route, et sans incidents cette fois jusqu'à Lamoricière.

Savoir se tenir debout dans l'eau par un fort courant, ce n'est pas grand'chose, mais ça peut faire passer officier.

Aurais-je par hasard trouvé la fortune au fond de cette petite rivière?.....

**

Nous venons de franchir deux étapes.

La traverse d'antan, de sinistre mémoire, a été abandonnée. Nous l'avons mise de côté pour prendre tout bonnement la route nationale, ce qui nous a raccourci d'une vingtaine de kilomètres. Les routes nationales ont du bon et prenons garde aux traverses, qui promettent moins et tiennent toujours quelques kilomètres de plus.

A Aïn-Tallout, je suis allé chez le marchand de vins témoin de mon évanouissement lors de mon passage précédent.

J'étais plus gai que la première fois. Le vin me semblait meilleur et ma tête était plus solide.

* * *

Nous sommes ici aujourd'hui à Aïn-El-Hadjar.

Toujours les mêmes maisons en pisé, toujours la même petite rivière, d'où je viens encore d'extraire quelques barbeaux.

Je tiens à réhabiliter la pêche à la ligne, chaque fois que j'en ai l'occasion.

Cette après-midi, le cheval de mon capitaine a failli mettre fin à mes ambitions. Attaché au piquet près de ma tente, il fut pris d'une émotion soudaine à la vue d'une cavale pimpante. Hennissant, se cabrant, faisant les cent coups, il brise son entrave et s'élance à la poursuite de l'objet de ses feux.

Je faisais la sieste comme toujours.

Ce tapage me réveille et je me redresse,

inquiet. Et à temps, bon Dieu! car une seconde après les deux sabots de l'animal s'abattaient sur ma toile, écrasant mon sac, sur lequel ma tête reposait si délicieusement.

Je bondis hors de ma tente et je répare les dégâts. Le cheval est ramené par les hommes, et furieux, je me paie un magnifique coup de poing sur ses naseaux.

Mais je me tranquillise de suite en songeant que demain je serai à la terre promise, dans cette bonne ville de Bel-Abbès, où un long repos nous est promis.

Un peu plus cependant, je cessais d'écrire mes impressions. Un cheval amoureux, une bousculade violente et ma tête n'était plus qu'une informe marmelade. C'est égal, ça m'aurait joliment embêté d'être enterré à Aïn-El-Hadjar.

Chassons ce cauchemar et couchons-nous sans préoccupations, demain sera pour un temps la fin de nos misères.

La Punaise

Elles étaient légion, des centaines de mille, des millions.

Compactes, en rangs serrés, en masses profondes, elles montaient à l'assaut avec une ténacité sans trêve, faisaient des mouvements tournants, tombaient des solives, des plafonds, grimpaient du parquet : une invasion formidable, une vraie plaie classique, une écrasante concentration de toute la gent de *Punaisie*.

Toutes avaient un même but, la peau du dormeur. Pas d'hésitations, pas de scissions, une vigueur sans pareille, une cohésion parfaite dans la conquête du sang.

*   *

La punaise individuelle succombe assez facilement dans une lutte active, mais la punaise en masse inquiète le combattant, l'envahit, le déborde, l'inonde bientôt, lui crève l'épiderme, se gorge, se gave d'un sang nourrissant et s'éloigne ensuite pour recommencer demain !

Que lui importent les dangers ! Elle sait fort bien que rien ne s'obtient sans périls. Aussi risque-t-elle carrément sa peau pour une goutte de sang.

A bien réfléchir, cette bête puante est digne d'intérêt, et son acharnement dans la recherche du pain quotidien est superbe d'énergie.

Malgré tout cela, je déteste la punaise et, quand je la pince, je la tue sans scrupules.

*

Je viens de faire quarante étapes pendant lesquelles j'ai consommé de la fatigue par tous les pores ; mais, ici, ce soir, je regrette l'alfa de ma tente.

Là, je dormais, au moins ; ici, je lutte.

Pensez donc, la caserne était vide depuis un mois. Rien à se mettre sous la dent, la disette affreuse, la misère noire, pas le moindre petit légionnaire à croquer.

Soudain, vacarme bien connu. C'est le régiment qui rentre au quartier, musique en tête.

Une joie immense — la joie féroce du ventre vide en face d'un mets délicieux — un bonheur incommensurable empoignent l'odorante multitude depuis le plus mince punaiseau jusqu'à la vieille barbe de la tribu.

Les armes s'aiguisent, les dards s'apprêtent, toilette à fond, grand branle-bas des jours de fête.

A minuit, le carnage sévit dans toute son horreur, le sang coule, les victimes se débattent avec désespoir dans les affres du frottement.

C'est un acharnement sans trêve, et pas de sommeil.

Le jour n'amène aucun répit et la

lumière jette de miroitants reflets sur le bronze sale des innombrables dos des cohortes ennemies, se vautrant dans la curée.

Rien à faire qu'à se laisser dévorer.

Veut-on fuir ?

La punaise se fourre partout, dans les képis, les vestes, les chemises, les pantalons, et, chemin faisant, elle gruge sans cesse, une digestion chassant l'autre, le mouvement perpétuel dans la piqûre.

※※※

Henri Monnier avait trouvé un excellent moyen de détruire les punaises. Imitons-le en le citant :

※※※

Comment il faut s'emparer du monstre.

Nous sommes au moins trois mille ici à nous dire : Ah ! çà, quand se délivrera-t-on de cette coquine ? Nous convenons tous chaque jour de faire une campagne contre elle.

Et puis le temps se passe, et on n'y pense plus.

Il serait pourtant bien simple pour nous de reconquérir notre indépendance.

Un peu d'attention, et voilà comment il faudrait s'y prendre :

A mon humble avis, la bête doit être surprise le jour dans les trous du mur ou dans les planches du châlit, car elle aime beaucoup à s'y cacher.

Oui, voyez-vous, pendant que nous nous exténuons tous à aller à l'exercice, au tir à la cible ou aux corvées, c'est là qu'elle dort et nous attend.

Mais, guettons-la !

On gratte un peu le bord du trou de sa cachette, on fouille dans les armatures de la planche à bagage, de la planche à pain ou de la planche de châlit ; on l'aperçoit, et on se dit tout bas :

— La voici, la gueuse, c'est bien elle. Que fait-on alors?

On profite de son sommeil pour la saisir entre les deux doigts, puis on la jette avec force sur une table de casernement, sur un banc ou sur tout autre objet dur, afin de l'étourdir.

C'est à ce moment qu'elle se réveille et qu'elle commence à voir que son affaire n'est pas claire.

Préludes du combat.

Du moment qu'elle est étourdie, on prend du sable, de la sciure de bois, une boulette de pain, un peu de tripoli ou de graisse d'armes, n'importe quoi, et on lui fourre tout cela dans la gueule.

Encouragé par ce premier succès, on lui dit d'un air moqueur :

— Eh! bien, reconnais-tu ton maître?

Comme elle ne peut pas répondre à cause de la sciure de bois, de la boulette de pain, du sable, du tripoli ou de la graisse d'armes, elle fait un petit signe de tête qui veut dire oui.

Suites du combat.

Mais une bonne parole de sa part ne saurait satisfaire à votre juste ressentiment.

On prend alors quelque chose de sombre, une cravate d'ordonnance, une ceinture de zouave ou une bretelle de fusil et on lui bande les yeux.

La position devient gênante pour elle.

On redouble d'énergie.

Sachant qu'elle ne mérite aucune grâce, on lui ouvre le ventre avec une lame de tournevis, un couteau de poche, même avec un sabre de cavalerie ou une épée-baïonnette modèle 1886.

Et quand c'est fait, on lui dit de nouveau avec un petit air fin :

— Eh! bien, reconnais-tu ton maître ?

Elle ne peut toujours pas répondre à cause de la mie de pain, du sable, de la sciure de bois, du tripoli et de la graisse d'armes qu'elle a dans la gueule, et elle fait encore signe que oui.

*
* *

Dernière épreuve.

Mais cet acte tardif de soumission ne saurait satisfaire à votre juste vengeance.

Qu'arrive-t-il donc?

Il est de bonne guerre de saisir la drôlesse par la tignasse.

On prend ensuite ses intestins, on les lave bien à plusieurs eaux, avec une brosse, la première venue, excepté une brosse à reluire ou toute autre.

On remet ensuite ces objets à leur place et on recoud proprement le ventre de l'animal, avec du fil blanc de la trousse ou du ligneul de cordonnier.

Ce serait bien le moment de lui répéter avec un accroissement d'acrimonie :

— Eh! bien, reconnais-tu ton maître?

Mais sa confusion l'empêcherait probablement de répondre.

*_**

Dénouement.

Cependant il faut s'en défaire.

On va chercher à la cantine un demi-quart de blanche. On verse dans un courrier à absinthe, ou toute autre bouteille, la valeur qui tiendrait dans un dé à coudre.

Au bout de cinq minutes, temps présumé nécessaire pour l'asphyxie, on bouche le courrier ou la bouteille bien hermétiquement avec de la cire à cacheter.

L'opération terminée, on descend l'objet en cellule ou chez l'adjudant.

Puis on se retire avec mystère, ainsi que le fait M. Deibler après une exécution.

Le drame est terminé.

Et l'on s'empresse de dénicher une autre punaise, pour recommencer la même opération.

Dernière réflexion.

La punaise est un insecte plat qui sent très mauvais. Sa piqûre laisse une sensation de brûlure fort désagréable.

C'est exact !!...

Le Canadien français

Je m'ennuie, ce qui m'arrive trop souvent quand je n'ai rien à faire.

Hier, je causais avec un Français du Canada, Marceau, de Québec. Son récit m'a intéressé et je le note ici en passant.

Marceau est un amateur de voyages et d'aventures militaires. Avant de s'engager à la légion, il avait fait la guerre de Serbie et, précédemment, la campagne de la Rivière Rouge, dans le Nord-Ouest canadien.

C'étaient là ses premières armes.

De Québec à la baie du Tonnerre, sur le lac Supérieur, le trajet se fit par les voies ordinaires; après, on entrait dans l'inconnu.

L'expédition, forte de 3,000 hommes, emportait pour six mois de vivres. On voyageait par eau, transportant les chaloupes et les vivres à travers les étroites langues de terre — portages — qui séparaient parfois, dans la voie suivie, les lacs des cours d'eau.

Au Fort-Francès, sur le lac de la Pluie, Marceau faillit se noyer et je lui laisse la parole pour raconter cet épisode de sa vie :

**
* *

— Oui, dit-il, je faillis mourir de faim à l'île des Sables, comme j'avais manqué boire un coup de trop dans la rivière de la Pluie.

Nos bateaux voyageaient à la queue-leu-leu. Ils étaient montés par une quinzaine d'hommes chacun et portaient, en outre, des caisses d'armes, des tonneaux de sucre, des barils de lard et de farine, des sacs de café et des effets d'habillement. Ils étaient très lourds à manœuvrer et, malgré les quatre paires de rames dont ils étaient armés, ils avançaient péniblement.

Dans les rivières, le courant nous aidait et nous donnait de bons moments de repos. Le plus habile d'entre nous tenait le gouvernail et marchait dans le sillon de l'embarcation qui nous précédait.

Notre équipage comprenait un patron décoré des sociétés de sauvetage du littoral anglais. D'un commun accord, nous lui avions confié nos destinées, le chargeant de nous faire sauter les rapides de la rivière de la Pluie sans encombre.

**

Malheureusement, notre pilote, très habile dans la conduite d'un bateau en mer, était ignorant des us et aspects des eaux de rivière.

A quelques centaines de mètres du lac, nous faisons un brusque détour, nous engageant à fond dans un violent tourbillon. Notre pilote perd la tête, manœuvre mal, et cric ! crac !..... un arrêt brusque, une déchirure dans la coque, l'eau de remplir la chaloupe et plus rien. Nous étions accrochés à un roc à fleur d'eau.

Le reste du convoi qui suit nous dépasse rapide comme l'éclair, incapable de nous secourir, nous laissant seuls avec un naufrage sur les bras.

Une peur me prend ; faut-il vraiment se noyer ? J'ôte bottes, vareuse et pantalon, prêt à me jeter à l'eau. Il n'y avait pas mèche cependant. Le courant m'empêchera d'aborder à l'une des rives, et, en bas, une immense baie d'une lieue.

Heu ! heu ! ça commence à sentir mauvais. L'idée de se noyer gagne visiblement du terrain parmi l'équipage.

*
* *

Cette situation dura trois heures. Nous étions immobiles au fond du bateau, de l'eau jusqu'aux genoux, secoués par le tourbillon, risquant à chaque instant de chavirer avec des oh! oh! suprêmes qui signifiaient clairement : « Cette fois, ça y est, nous y sommes. » Mais ça n'y était jamais ; équilibristes convaincus, nous parions toujours les bottes du courant.

Nous finissions par en avoir assez, cependant.

Enfin, vers le soir, nous apercevons une chaloupe de secours qui remonte péniblement le courant en s'accrochant au rivage. Elle est vis-à-vis de nous et nous lance une amarre que nous fixons solidement. Un de nous s'y était déjà cramponné quand voilà que le bateau de sauvetage échappe à la rive et file comme un dard, nous entraînant à sa remorque.

On crie : « Coupez! coupez! » Ah! ouais! nous n'avions pas de hache. Et vogue donc, nous voilà partis!

De suite nous coulons. C'est un joli désordre. Hommes et marchandises roulent et se culbutent pêle-mêle dans l'eau.

Je nage, nous nageons tous comme des enragés. Des cordages, des perches, des gaffes nous sont jetés, et les naufragés sont, les uns après les autres, péniblement remorqués ou hissés à bord.

Et quel froid! Birr! il était temps qu'on m'accroche, car je m'en allais vraiment. J'avais bu un peu plus d'eau que ma part et, une minute de plus, je ne serais pas ici.

Tiens, l'assemblée qui sonne. Je suis de garde ce soir; à demain le reste de mon histoire.

**

C'est toujours Marceau qui parle :

— Mouillés, grelottants, nous arrivons au Fort-Francès, où tout le détachement était déjà installé depuis longtemps. Les camarades viennent nous serrer la main et des sauvages des deux sexes se groupent autour de nous, regardant curieusement nos mines piteuses dans nos habits mouillés.

Comme toujours, les absents avaient eu tort. Rien de prêt, ni soupe, ni habits de rechange, ni tente, pas même une couverture. C'était déjà bien beau de nous avoir tirés de notre rocher.

La nuit, une nuit d'octobre froide et humide, s'écoule péniblement, avec accompagnement de toux, frissons, tristesses et réflexions amères.

*   *

Le lendemain, notre équipage, désagrégé, allait s'éparpiller partout et augmenter le personnel des autres bateaux, où nous fûmes traités un peu en gêneurs.

Nous descendons la rivière, sautons plusieurs rapides sans échec, et le jour suivant, après une nuit atroce où nos respirations engendraient des pyramides de glaçons sur nos couvertures, nous débouchons dans le lac des Bois.

Encore un contretemps. L'eau moutonne au loin, le vent souffle en tempête, et toute la flottille, à peine engagée au large, s'égrène, chassée, éparpillée en tous sens comme de minces copeaux.

* *

Notre bateau vient s'échouer sur un îlot de sable et de rochers. Nous voilà à l'abri et nous attendrons ici le beau temps.

Mais la faim n'attend pas longtemps. Nous n'avions qu'un jour de vivres. Le deuxième jour on mangeait les déchets du premier, et, le troisième, il n'y avait pas gras : un peu de farine pour toute sauce.

Deux hommes se dévouent et se mettent à pétrir des galettes pour tout le monde. Mais la besogne languissait, les estomacs perdaient la tête, et tous, avec une entente subite, nous nous jetons sur les sacs de farine, que nous éventrons sans façon.

Un camarade se joint à moi et nous fabriquons une excellente pâte, assaisonnée d'un sable très fin. Déposant notre gâteau dans une gamelle, nous fourrons le tout sous un brasier ardent.

Puis il nous faut attendre, et c'est là la plus rude partie de la besogne.

Crispés, silencieux, l'œil fixé sur notre feu, nous ruminions à part nous sur les probabilités gastronomiques que recélait ma gamelle.

* *
*

La tempête rageait sans cesse. Le vent nous portait le bruit des vagues fouettant les roches du rivage.

Des troupes affolées de canards et d'outardes passaient, remuées dans de brusques secousses, et disparaissaient, s'enfonçant dans le masque grisâtre du lointain avec des cris de frayeur.

Les quelques arbustes anémiques de l'île se tordent avec des sifflements, se courbent, se redressent, se convulsionnent dans des heurts épileptiques, parfois immobiles comme terrifiés dans de courtes accalmies, puis tourbillonnant de nouveau sous les flagellements des rafales.

Le camp est sombre. Une noire tristesse règne sur ce petit amas de sable, jeté comme un point dans l'immensité des eaux.

*
* *

La nuit arrivait rapidement, et nous regardions toujours le tas de cendres où mijotait notre dernier espoir.

La faim cruelle, devenue insupportable, brouillait nos yeux d'un nuage de folie.

Il fallait en finir.

Mon camarade essaie de retirer notre pâte; il engage un bâton dans l'anse du couvercle de la gamelle. Au feu, elle s'était amollie et, sous le poids du gâteau, elle s'allonge, se rompt, laissant la gamelle tomber dans le foyer.

Je saisis un gourdin et, tapant violemment, j'amène une bosse à chaque coup. Impossible d'enlever le couvercle. Nous nous prenons à deux ; un dernier effort nous donne raison et un triste spectacle nous est offert.

Au fond apparaît un charbon calciné, seul résultat de notre patience culinaire.

Il faut manger, cependant. Taillant l'écorce brûlée, nous trouvons au cœur une pâte vierge que nous croquons à pleines dents. En deux bouchées, sable, pâte et gravier avaient disparu dans nos estomacs vides.

Voilà comment je ne suis pas mort de faim à l'île des Sables, dans le Manitoba.

Impressions de marche

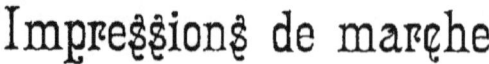ous sommes en route pour la civilisation.

A Kraneg-Azir, nous campons au bordj.

Quatre murs. Au centre, un puits de quarante-cinq mètres; en façade, une vieille masure; sur les autres côtés, les écuries et les remises.

Dans la masure, une cantine et, dans la cantine, une cantinière et son mari, qui invitent les quatre sergents-majors à dîner.

Le cantinier était ivre, ce qui lui arrive deux fois par jour.

Un chapeau de paille flétri, bosselé, campe sur un crâne dénudé de toute végétation. La barbe — une barbe fan-

tastique, épaisse, noueuse — flotte sur les joues, caresse le gilet graisseux jusqu'à la poitrine, jetant au soleil le reflet sale des sauces du pot-au-feu conjugal, égout naturel de toutes les absinthes, petits verres, jus de tabac; une barbe qui n'a jamais connu le peigne, forêt capillaire drue et sauvage, se laissant croître sans souci de rien. Le nez, une poire cuite, aux tons pivoine, avec des nuances intermédiaires, estompées du vert au bleu, se rattachant à la face par deux narines couperosées et flasques, d'où émergent d'énormes touffes d'un poil roux, sel et poivre. L'œil, triste et résigné, est sillonné de stries rouges qui le hachent en tous sens, cachant sa langueur sous l'ombrage de paupières brûlées, à cils plaqués et rares.

Le cantiner nous introduit au salon.

* *

Un canard, deux poules, trois lapins,

une caisse d'emballage, un banc, deux chaises et des tonneaux d'absinthe formaient la partie saillante de l'ameublement.

Dans un angle, une cheminée.

Et tout près, remuant une sauce odorante, nous apparaît la maîtresse du logis.

Tête nue, cheveux grisonnants, incultes, tombant sur les épaules. Elle nous salue d'un bonjour engageant. Le sourire plisse les yeux et les entoure d'une toile de rides ; deux sillons profonds relient les narines aux commissures de la bouche ; les trois dents qui restent sont jaunes, immenses, et festonnent la lèvre au repos. L'ensemble est sympathique : c'est une sorcière de Macbeth qui s'est humanisée.

Ce n'était pas encore son heure d'être ivre, mais un verre d'absinthe sur la cheminée nous fit comprendre que le moment approchait.

※

Nous voilà à table.

Nous mangeons beaucoup et très bon. Nos hôtes sont d'une hospitalité cordiale.

Pendant le repas, nous apprenons que le cantinier a été blessé trois fois au Mexique et en Italie et sa femme, citée à l'ordre pour son dévouement et sa courageuse conduite en soignant des blessés. La médaille militaire les a récompensés tous deux.

Perdus dans le désert, des mois entiers seuls en face de l'immensité, que pouvaient-ils faire ? Se soûler, morbleu ! Et ils se soûlaient.

Nous quittons à regret ces deux malheureux débris humains et nous allons dormir et rêver d'une existence meilleure.

※

Ben-Atab. Paysage muet et portant à

la contemplation. Ciel en haut, à droite, à gauche, par devant, par derrière, ciel partout. Pas un nuage, et un soleil à faire bouillir la marmite.

Sur terre : du thym, de l'alfa, du sable et l'immensité.

Occupations : bâillements, tristesses et siestes.

*
* *

Voilà Sfisifa, bordj important où loge la section disciplinaire du régiment.

C'est une excellente troupe en temps de guerre, mais la plus exécrable en temps de paix. L'ivresse, toujours cette maudite ivresse, y tient la première place.

L'alcool est partout prépondérant, chez les races du nord principalement. Ainsi, Marceau, le Canadien Français, me disait l'intempérance des soldats anglais : chaque jour de paye, dix-huit hommes sur vingt, dans sa chambrée, étaient régulièrement portés au poste ivres-morts.

Le méridional se contente de boire un peu trop et complète son ivresse par sa faconde. Il gesticule, se démène, pérore jusqu'à complet affolement, mais ne se vautre jamais.

La légion étrangère est principalement composée de gens du Nord : Allemands, Alsaciens, Lorrains, Suisses et Belges.

La section de discipline compte dans son sein des intelligences hors ligne, des artistes en tous genres, des riches ruinés, des officiers français ou étrangers dégommés, des débris humains de toutes sortes, restes malheureux des splendeurs passées, victimes du vice ou de la fatalité, naufragés de la vie.

En arrivant au régiment, ils retombent de suite dans leurs passions d'autrefois, encourent punitions sur punitions, se déclassent tout à fait et viennent fatalement échouer parmi les incorrigibles.

※

Sfisifa est actuellement leur quartier général.

J'y trouve un ex-officier allemand, très instruit, très joueur, très buveur et de mœurs dépravées, un lieutenant français réformé pour dettes, fautes contre l'honneur et indiscipline et plusieurs autres comparses de moindre importance qui forment un club de pannés très intelligents, braves jusqu'à la témérité, ivrognes jusqu'à la moelle.

Jamais plus aimable causerie tant que l'absinthe n'a pas commencé à jaser.

Mais quand un bataillon passe, on trinque et, sur le soir, c'est un chahut soigné. Cris, insultes, querelles, coups, tout s'en mêle et la prison se peuple.

※

Il était dix heures du matin lors de notre arrivée.

Les disciplinaires, propres comme un sou, viennent au-devant de nous et nous offrent l'hospitalité du cœur.

Une grande fête est organisée en notre honneur : du théâtre, de la musique, du chant, des discours, tout le répertoire.

Peu à peu, le démon ordinaire, bien connu, commence à parler. La jeune première de tout à l'heure, encore affublée de son costume, roule dans un coin, le traître de la pièce pérore avec feu, le musicien bave dans son verre, le chanteur comique insulte un camarade.

Ça marche très bien.

Bientôt on ne voit plus personne dans les cours, mais les cris qui percent les murs de la salle de police nous apprennent que les plaisirs de la fête se continuent sous les verrous.

**

Une tristesse profonde se dégage de ces scènes.

On se prend bêtement à s'attendrir sur ces misères, regrettant l'absence d'une bonne guerre, qui utiliserait toutes ces forces. Car ces malheureux dévoyés ont la tête près du bonnet et se sentent dans leur élément au milieu des coups de fusil.

En temps de paix, qu'on m'épargne le désagrément de commander à de pareils lascars, mais, en campagne, je serais heureux de les conduire au feu, certain qu'ils se feront crânement casser la tête au service de la France, comme il a toujours été de tradition de le faire à la légion étrangère.

**

El-May, pays de l'immensité, le pendant de Ben-Atab.

Un caravansérail, une cantine et un puits de soixante mètres de profondeur. L'énorme seau, qu'une longue chaîne retient, descend, descend toujours, se heurte aux parois, ameutant les échos profonds et rendant un son lointain et mystérieux au contact de l'eau. Il est plein. Le treuil tourne lentement et grince sur son axe. La chaîne résonne et le seau remonte péniblement, avec des geignements fatigués, se balance, se cogne aux murs du pourtour et apparaît enfin à l'orifice, plein d'une eau bien fraîche et bien mauvaise.

Mais il faut en boire quand même.

Des centaines d'hommes attendent leur tour de distribution. Les bidons, les marmites s'alignent à la suite, reçoivent leur ration, et, après plusieurs heures d'attente, les soifs sont étanchées et la soupe mijote aux cuisines.

Le soir, le café, un café saumâtre, s'engouffre dans tous les gosiers, la soupe repose au fond des estomacs et, quelques heures après, un sommeil de plomb possède cette multitude fatiguée.

Seuls, mystérieuses silhouettes, ombres fantastiques dont les profils bizarres se découpent à l'emporte-pièce sur l'horizon clair des nuits d'Afrique, les factionnaires engourdis se promènent lentement près des faisceaux.....

* * *

La civilisation commence, le chemin de fer zigzague dans la plaine et le sifflet des locomotives réveille les souvenirs et rappelle à la vie.

Des êtres humains, qui ne sont ni des Arabes, ni des soldats, nous regardent passer.

Pendant l'étape, une légère émotion. A huit cents mètres de la colonne surgit soudain un troupeau de gazelles. Le lieutenant prend une section, la met en ligne et commande un feu de salve. Cinquante balles s'abattent sur le troupeau qui s'enfuit et disparaît dans la buée légère du matin.

Deux hommes se détachent et reviennent peu après portant une gazelle : une balle avait porté et la soupe de la section sera excellente aujourd'hui.

Tafaroua possède un hôtel et quelques maisons. Nous y faisons un bon dîner, nous y buvons d'excellent vin : le paradis au sein de la misère.

**

Aïn-el-Hadjar, petite ville sur la crête des Hauts-Plateaux, chef-lieu du commerce d'alfa de la Compagnie Franco-Algérienne, éden récent qui a fait la fortune des gargotiers et des buvettes.

De très jolies Espagnoles, aux hanches puissantes, à la voix mâle, accourent sur notre passage.

Cette mise en scène galvanise notre abattement et nous relevons la tête, chassant cette maudite fatigue, compagne éternelle du troupier en route.

Ces charmantes filles chuchotent entre elles, se poussent du coude, éclatent de rire en se moquant de nos têtes émaciées.

Allons! allons! belles demoiselles, nous avouons que nous sommes pour le moment de bien tristes sires. Mais, attendez une heure; attendez le nettoyage complet de l'étape, le coup de rasoir des beaux jours, et vous verrez alors de pimpants mirliflores qui ne le cèderont en rien à vos charretiers grossiers, à vos alfatiers crasseux, cavaliers de vos rêves! Vous verrez les prouesses que peut accomplir un légionnaire quand il en trouve l'occasion, même avec vingt étapes dans les jambes. Son sourire sera d'autant plus doux qu'il ne s'en est pas servi depuis longtemps. Vous aurez la primeur d'une gaieté vierge que la misère a tarie, mais qu'un peu de bonté de votre part fera renaître comme une douce rosée ravive la fleur flétrie. Allons! soyez compatissantes pour des guerriers malheureux qui sauront vous récompenser par une reconnaissance d'un jour et la fidélité d'un moment !

Le camp est dressé, la soupe chante sa note joyeuse dans les marmites, le rapport est communiqué, le service est commandé, c'est le moment d'aller nous promener un peu.

* *
*

Accompagné d'un camarade, je mets le cap sur une buvette où trône, dit-on, une brune aux yeux bleus. Il n'y a que les Espagnols pour exhiber de pareils phénomènes.

J'ai arboré ma meilleure tunique. Le savon, le rasoir nous ont donné du reflet. Un petit air de conquête règne sur nous.

Nous voilà attablés.

— Deux bocks, s'il vous plaît !

Les yeux bleus de la jolie brune s'arrêtent sur nous; ses doigts délicats poussent les deux verres devant nos soifs de feu et nous plongeons délicieusement nos lèvres dans le mousseux breuvage. Rendons justice à la bière : c'est très bon quand la gorge est saturée de sable et asséchée par une température de quarante degrés.

J'engage une conversation galante avec notre hôtesse ; je la foudroie de regards brûlants, de paroles chaudes, de tout l'arsenal amoureux accumulé chez nous par un long mois d'une vie de sauvage.

C'est en vain.

Tous mes coups portent à vide ; la douceur de mes yeux, le miel de ma voix sont perdus pour ma victime. Elle semble plutôt effrayée par la barbe féroce qui croît à mon menton.

*
* *

Non, là ! vraiment, je commence à désespérer de mes charmes ; les étapes ne me réussissent pas auprès du beau sexe, le fer à cheval non plus. Les étapes gâtent le teint et la barbe donne un air dur et vieux qui éloigne la jeunesse.

Je recommande aux jeunes pommadés, aux teints frais des villes, de fuir le soleil, la faim, la fatigue. Ils conserveront ainsi plus longtemps cet air mièvre et pâlot qui plaît tant aux femmes.

Il faut croire en ma vieille expérience. Le soldat d'Afrique, malgré la réputation que les romans lui ont faite, réussit très mal auprès des belles. Un beau petit jeune homme, blanc comme un lis, frais comme la rose, aura toujours l'avantage sur lui. Nous faisons peur, nous inspirons la crainte et peut-être l'admiration, ce qui est maigre parfois; mais l'amour, jamais.

Tant pis, les belles ne sauront jamais ce qu'elles perdent au change.

Impressions de Garnison

DEPUIS quelques jours, je jouissais des délices sommolentes d'une garnison insipide. Un événement grave est venu me tirer de ma léthargie : on a fusillé dernièrement un légionnaire.

C'était le premier soldat que je voyais mourir légalement sous les balles des camarades. Il était peu digne d'intérêt, mais il est mort en brave, comme tout militaire doit le faire.

Mauvaise tête et Belge de nationalité, il avait fait partie de la Commune en 1870, comme capitaine. Après l'apaisement, ne trouvant pas assez de désordre à Paris pour y gagner son pain, il s'était engagé à la légion.

Il ne tardait guère à montrer ici comme ailleurs son caractère indiscipliné, son esprit de mutinerie, et il eut bientôt l'occasion de faire valoir ces funestes défauts d'une manière ostensible.

Etant de garde un jour à la place, sixième d'un poste commandé par un caporal de vingt ans, il sut se procurer de l'absinthe et enivrer ses camarades.

Plus âgé que tous, il dominait ces jeunes gens par l'audace de ses propos, les éclats de sa voix et sa faconde bruyante d'ancien orateur populaire. Le caporal surtout, très impressionnable, l'écoutait ahuri et bouche bée.

Toutes les têtes, en feu, avaient complètement oublié le service ; on chantait et criait dans le corps de garde.

***

L'adjudant de place, un lieutenant de tirailleurs, averti de ce tapage, vient faire sa ronde. Il entre au poste et fait une semonce sévère au chef de poste et aux hommes.

Le Belge interpelle l'officier, excite le caporal et les soldats, et tous, transportés de fureur et d'ivresse, se ruent sur le lieutenant, le maltraitent, le frappent et le jettent, grièvement blessé, dans le violon du poste.

Puis on continua à boire, à chanter.

Le corps de garde était éloigné de toute habitation, et le malheureux officier aurait eu à souffrir jusqu'à la relève suivante sans la présence d'un sergent-major de ronde.

Celui-ci entre au corps de garde à quatre heures du matin. Pas de factionnaires, et tout le monde dormait sur le lit de camp. Il entend des plaintes au violon, y accourt et délivre le lieutenant. Se rendre au quartier, commander une nouvelle garde et venir relever les factieux fut l'affaire de quelques minutes.

∗

Ils passèrent au conseil de guerre.

Le caporal eut vingt ans de travaux forcés, les hommes chacun cinq ans, sauf le communard, qui fut condamné à mort comme plus ancien et meneur de la bande.

La dégradation militaire, suite inévitable de la condamnation, fut prononcée contre tous.

∗

Toute la garnison était sur pied.

A quatre heures du matin, une voiture d'ambulance escortée par la gendarmerie était venue prendre le prisonnier à la prison militaire pour le conduire au champ de tir, lieu de l'exécution.

Le malheureux légionnaire, très calme, décidé à mourir bravement, s'était habillé à la hâte.

Au champ de tir, les trois mille hommes de la garnison forment le carré qui s'ouvre pour donner passage au cortège funèbre.

Le condamné descend de voiture et se dirige seul, d'un pas ferme, vers le poteau. On présente les armes à celui qui va mourir, les tambours et clairons battent et sonnent aux champs. Un sergent l'attache et lui bande les yeux.

Douze hommes, — quatre sergents, quatre caporaux et quatre soldats, — pris parmi les plus anciens, s'avancent silencieusement à huit pas du condamné ; un adjudant les commande.

Le sergent s'éloigne du poteau, l'adjudant étend le bras armé du sabre, jette un regard sur le piquet qui épaule le fusil, et crie : *Feu !*

Douze détonations éclatent, le légionnaire vacille un instant et s'écrase comme une masse.

Le plus ancien sergent s'approche, lui met son fusil à l'oreille et lui donne le coup de grâce. Le crâne éclate comme un vase qui se brise, la cervelle jaillit au loin et ses débris éclaboussent le poteau d'exécution. Le gazon, les habits du mort sont couverts de sang, un petit ruisseau rouge suinte lentement dans le sentier du champ de tir.

**
* **

Le drame est fini.

Les troupes défilent devant le cadavre. Une lourde tristesse plane dans l'air, une émotion intense serre toutes les gorges. Silencieusement, au pas accéléré, le défilé continue. Les hommes tournent les yeux du côté du paquet informe qui, l'instant d'avant, était un de leurs camarades plein de vie.

Je me sentais suffoquer et un détail mesquin m'est resté à la mémoire. Dans l'émotion du moment suprême, dans la précipitation de la dernière toilette, le

pauvre diable n'avait pas boutonné ses guêtres.

J'ai longtemps vu dans mes rêves, inertes, flasques comme une vieille défroque, les deux pieds du communard chaussés de leurs guêtres bâillantes, que retenaient seuls les deux boutons du sous-pied.

* * *

Il me semble que je suis plus léger.

Aussi, je suis citoyen français depuis deux heures. Je n'avais pourtant guère besoin du décret du garde des sceaux pour me l'apprendre.

Français, je l'étais assurément, mais maintenant j'ai le grade officiel de citoyen légal, ce qui me flatte beaucoup.

Et puis, mon Dieu ! je suis bien content d'être venu ici, car j'y ai connu la légion étrangère, ce dont je suis heureux et fier.

Plus beau régiment est impossible à trouver.

On noce un peu trop en temps de paix, on se chamaille un tantinet, la prison et le conseil de guerre font des trémolos soutenus, mais en colonne, en campagne, faut voir ça.

Aucune troupe au monde ne peut faire mieux. Autant, oui, car les hommes se valent partout à peu près, mais mieux, jamais !

Aussi, quelle émulation !

Tous les peuples sont représentés. La

vanité, ce grand levier, joue un rôle dominant.

On s'observe, on s'épie et chaque race veut surpasser l'autre.

* *

C'est une joute intéressante et continue où la France recueille tous les bénéfices.

Et les chefs aussi.

Car la légion a toujours été une arme formidable entre les mains d'un commandant ambitieux.

Rien à craindre, aucune critique, personne ne s'intéressant à ces parias de toutes races qui viennent se faire crever la peau pour la France.

Et aussi, en route, et aïe donc !

On marche, on sue la vie par tous les pores. La plaine se peuple de cadavres et le chef attrape des galons qu'il mérite grandement.

Et moi, je mérite le décret qui me nomme Français de France.

Mais mon père, de Saint-Malo, et ma mère, de Dieppe, ne se doutaient guère cependant que leur fils serait forcé d'attendre trois ans, au service de leur mère patrie, pour oser se dire Français authentique.

※

Il y a du cornard sur la frontière du Maroc.

Un certain loustic, marabout de profession, a chanté le saint solo.

Il veut la guerre, comme il voudrait se marier, simplement, comme ça, parce que la guerre est un délassement qui rompt la monotonie.

Il l'aura donc, sa petite guerre.

Pour ce, nombre de bataillons d'infanterie de ligne nous arrivent de France.

Et ces gais pioupious, futurs acteurs des drames du désert, nous viennent, un peu ahuris au début, gauches à leurs premiers pas, mais singulièrement faciles à dégourdir.

Quelques jours après, ils nous donnent du fil à retordre.

Tenons-nous bien, la légion, car il nous mangeront la laine sur le dos bientôt, dans les étapes que nous ferons côte à côte.

En attendant, recevons-les dignement.

***

La cantine a fait un brin de toilette.

Les tables sont propres, la toile cirée reluit, les chaises, les bancs ont été lavés, les verres et les assiettes aussi.

Le grand fourneau fricote un ragoût fastueux où les pommes de terre, les carottes et les navets fraternisent dans la graisse des grands jours.

Le cantinier exhibe une chemise saine, la cantinière a mis sa jupe des fêtes, le soldat qui sert à table s'est rasé.

Un fameux coup de balai a été donné partout.

C'est mieux que pour la revue du colonel.

**

Après le rapport, tous ceux qui ne sont pas consignés — nous sommes peu malheureusement — s'en vont sur la route d'Oran au-devant des camarades de France.

C'est le 17ᵉ de ligne qui nous arrive.

A trois kilomètres, nous voyons poindre la tête de colonne.

Pristi ! on ne marche pas mal en France. Les rangs sont massés, par exemple. Il doit y faire une chaleur !

Tiens ! voilà le premier sous-officier. C'est un grand diable, avec une moustache à la gauloise et des épaules de chêne.

Qui me disait que les sergents étaient fluets dans la ligne ?

Et ces hommes, barbus pour la plupart, décidés tous, quoique un peu badauds.

Tiens ! tiens ! mais ce sont des rivaux sérieux ! L'armée d'Afrique n'a qu'à bien se tenir.

* *
*

Le voilà, enfin, ce sergent-major que je cherche dans la colonne.

C'est un joufflu, hirsute et assez délabré.

Je lui empoigne les deux mains, que je presse avec force.

Il me regarde dans les yeux, un peu étonné, mais se remet vite et entame de suite un dialogue seul, qui m'apprend dès les premiers mots qu'il est du Midi.

Cinq minutes après, j'étais fixé sur les péripéties de la marche du bataillon.

* *
*

Le bataillon s'arrête. Nous sommes arrivés à la porte de la ville.

On se reforme, les clairons ajustent leurs instruments, les tambours tapotent sur leurs caisses, puis la musique de la légion arrive vivement, prend place en tête, et nous entrons en ville, au milieu d'une population sympathique, avec les honneurs du triomphe.

Un casernement avait été préparé pour nos hôtes.

En quelques instants tout le monde est installé.

Puis nous cherchons nos camarades pour aller déjeûner. Nous les trouvons aux prises avec les officiers qui crient ferme.

Oh ! Il paraît que les officiers de France se mêlent un peu beaucoup des détails d'installation. Ça étonne un brin les troupiers d'Afrique habitués à se débrouiller eux-mêmes.

Enfin nos camarades sont libres et nous allons à la salle des fêtes, notre cantine.

***

Crotte, notre gargotier, nous accueille royalement et nous conduit à nos tables.

Sa femme, les bras nus, un blanc tablier sur le ventre, semble prête à tout faire pour nous.

Nous nous attablons.

Quel coup de fourchette ! Aussitôt un plat sur la table, aussitôt il disparaît.

Merveilleux appétit, ces sacrés lignards !

Enfin, nous sommes au dessert et chacun fait valoir ses talents.

***

Réjour, un Parisien pur sang, d'origine exotique, nous raconte une histoire antique.

C'est Bigorneau, ex-maréchal des logis au 33ᵉ cuirassiers de la garde, qui en est le héros.

Paraît que Bigorneau est allé à Constantinople. Il n'y a pas réussi.

Habitué aux conquêtes faciles, il s'attaque au harem ; mais, au moment de jouir du succès, il se trouve en contact désagréable avec un pal dont Bigorneau raconte les faits et gestes avec une bonhomie toute philosophique.

Bigorneau, ex-maréchal des logis au 33ᵉ cuirassiers de la garde, n'a pas de veine.

Sa complainte, monologuée, dure trente-cinq couplets, dont le refrain poétique revient après chaque strophe :

« Et le vent soufflait à travers les orangers en fleurs, et il sentait bon ! »

Mais le pal ne sentait pas bon pour Bigorneau.

C'est Réjour qui le dit en s'asseyant.

*
* *

Un autre Parisien — il en pleut, des Parisiens, à la légion — se lève ensuite pour nous dire la mauvaise conduite de Polyte, invité par son ami Gugusse à dîner dans sa famille.

Ce gueux de Polyte dit et fait des choses inconvenantes.

Des allusions peu voilées sur les effets des haricots ; il trouve des cheveux dans la soupe, des cheveux de la mère à Gugusse ; il manque de respect à la sœur, lutine la mère et fait rougir le grand-père par ses propos cyniques.

Gugusse s'en plaint amèrement à Polyte en lui disant deux douzaines de fois :

— Tu sais, Polyte, c'est pas chic ce que t'as fait là ! Ce n'est pas pour moi. Moi, je m'en f..., mais c'est pour ma famille...

*
* *

A ce moment, plusieurs litres sont descendus dans les gosiers et les têtes sont un peu chaudes.

C'est l'instant des chansons patriotiques.

Ça foisonne : chacun a la sienne.

Il y en a de triviales, de belles, de joyeuses, de tristes à faire pleurer.

C'est un torrent bruyant qui remue le sang, avec des éclats de voix mâles, des accents agressifs tonitruants, de grands gestes pleins de feu.

Nous sommes tous très émus, mais un peu fatigués.

L'attention s'est émoussée.

**
* **

Alors Petitpierre, un Lorrain, se lève pour nous raconter une histoire personnelle, un épisode de son enfance.

Petitpierre a pris, dans les réunions, l'emploi de monteur de scies, autrement dit de « colonnes ».

On est prévenu et on ne se gêne pas pour l'interrompre.

C'est dans le programme.

Le talent de Petitpierre se distingue par une débit nasillard et monocorde et une impassibilité de traits que rien ne démonte.

Il commence, et déjà une morne consternation commence aussi parmi les camarades, qui se transforment à l'instant en simples habitués des boucans politiques.

— Il n'y a pas très longtemps, dit Petitpierre, j'étais un gamin indécrottable...

— Oh! ne dis pas ça, je te prie, clame une voix ironique.

— Laisse-le donc parler, hurlent plusieurs convives.

— Assez! enlevez-le! à la porte! ripostent certains malveillants.

Petitpierre continue sans s'émouvoir :

— Je ne fumais pas encore, parce que ça me rendait malade, mais je nageais comme un poisson pendant la canicule, et je me battais chaque jour avec un camarade de la classe...

— Si on t'avait cassé la gueule, tu ne nous embêterais pas aujourd'hui, s'écrie Magny.

— ... Puis, entre temps, j'étais enfant de chœur et je lançais fort bien l'encensoir. Un jour, cependant, je fus privé d'être thuriféraire parce que j'avais les oreilles sales...

— Qu'est-ce que cela peut nous faire ?

— Est-il assez canulant, avec ses oreilles sales !

— ... Ceci est de l'histoire ancienne que je rappelle avec une certaine répugnance. J'avais, en outre, une voix mielleuse, avec laquelle je chantais comme un ange les versets sacrés...

— Il nous scie la bosse, avec sa voix mielleuse, dit Pascal.

— ... Toutes ces belles choses sont assez loin déjà et, malgré ma fatuité incorrigible, je vous prie de croire que j'étais un brave enfant qui ne faiblissait jamais devant une escapade. Malheureusement, je fus forcé de coucher au petit collège de mon pays, quoique mangeant ma soupe chez moi et je dus alors restreindre mes passions.

— Si tu restreignais ta langue, riposte Ribo.

— ... J'avais pour professeur un brave homme classique dont les principes étaient rigides et les actes en concordance. Il me cassait assez fréquemment les doigts à coups de règle.

— S'il t'avait cassé les reins, quelle veine !

— Mais laisse-le donc parler !
— En voilà un raseur !
— Quel bassin !

*
* *

Petitpierre prend lentement une gorgée de vin.

— Je lui pardonne, continua-t-il, car il avait raison. Chaque fois qu'un sang généreux coulait de mes lèvres fendues, j'étais certain d'être pincé, et c'était juste, car j'avais fait le coup. Et puis, j'écrivais des lettres brûlantes aux jeunes filles du village...

— Moi, je file, tu sais; j'en ai plein le... dos.

— ...Je confie un soir à un franc camarade une missive fâcheuse dans laquelle je jetais le trouble au sein d'une famille honnête...

— Est-ce qu'il en a encore pour longtemps? dit d'une voix anxieuse Antoine, le sergent-major méridional du 17e.

— Jusqu'à demain, mon cher; quand il commence, c'est fini.

— ...Mon commissionnaire se laisse pincer par le maître. Deux heures après, nous étions à l'étude, et quelques coups de règle sur le pupitre annoncent un événement. Bientôt on comprend qu'il s'agit d'un acte de galanterie...

— Garçon, trente-deux bocks! crient en chœur les convives.

— ...Le maître se met à lire l'objet du délit et termine sa lecture en jetant aux élèves scandalisés le nom du cynique auteur de la lettre. C'était moi. Le maître fait de cruelles plaisanteries sur le style de l'écrivain, qu'il accable d'un dédain bien mérité...

— Je le crois f...tre bien ! ajoute un des rares auditeurs, car les autres se sont esquivés.

— ... Je m'enfonce sous le tablier de mon pupitre, espérant que le plancher va s'effondrer pour me faire disparaître dans la cuisine du portier. Enfin mes nerfs entrent en scène et j'en attrape une vraie crise...

— Bon dious ! quelle scie !

— ... On rit d'abord, puis on est effrayé. Le maître s'inquiète, me fait porter dans sa chambre, où il me bourre de gâteaux, m'abreuve de bon vin et m'engage à me reposer. Je profite de la situation, craignant la classe d'allemand, pour laquelle je n'étais guère préparé...

— Ah ! mon cher, si tu profitais du moment pour te taire !

— Oh! oui, je t'assure que nous en avons assez.

— ... Je dormis quatre heures et j'étais très dispos pour la récréation, où pas un ne joua à la balle comme moi. Mon maître, convaincu d'avoir été mystifié, jura de se venger. C'était pendant les longues récréations du midi; on discutait élèves et professeurs et, comme toujours, je manquais de mesure dans mes appréciations sur toutes choses...

— Je le crois bien, à en juger par la colonne que tu nous montes ce soir.

— Nous n'en finirons jamais avec lui.

— Mais laissez-le donc finir son histoire, ce sera plus vite fait, risque un philosophe.

— ... On me somme de me rétracter. Je me pique au jeu et je contourne la difficulté avec ironie. Un ordre sévère m'enjoint de monter là-haut pour recevoir une série de coups de règle. Je refuse et, sifflant dédaigneusement, je sors de la salle, un sourire insultant aux lèvres...

— Jurons tous de dormir jusqu'à la fin du monologue, s'écrie Pascal.

— Moi, je ronfle !

Tous appuient la tête sur la table.

* *
*

Petitpierre, plus nasillard encore, un fin sourire aux lèvres, un air de triomphe épanoui sur la figure, continue avec gravité :

— Je me lance dans la campagne, jurant de ne jamais remettre les pieds dans un établissement où les enfants devaient se soumettre aux maîtres.

Muni d'idées aussi modernes, je m'enfonce dans les bois pour y chercher un courage qui commençait à me quitter.

L'après-midi s'écoule, triste, et le soir m'amène une fringale sans pareille.

Penaud, j'allai dîner chez moi, et

l'on dut me rappeler qu'il était l'heure de la rentrée au collège.

Les belles résolutions du jour tombent à la nuit. Le noir des ténèbres est terrible pour un morveux fautif.

Après plusieurs marches et contre-marches, j'entre chez un ami dont les parents étaient indulgents et j'attends là les événements.

Vers onze heures, je nageais en pleine tristesse.

Où aller?...

Mon père se promenait par là et, guidé par un génie hostile, il entre chez mon ami et me découvre.

A sa vue, je m'écroule sous la table.

Mon père m'interpelle, demande des explications, m'applique consciencieusement quatre coups de canne de noyer sur les reins et me reconduit au collège.

Oh! vous tous, mes chers camarades, qui avez goûté à la canne de noyer de vos papas et qui avez pu apprécier les injustices de vos maîtres, avez-vous songé que c'étaient là de vigoureuses leçons de morale pour votre avenir?...

Tiens! tiens! il n'y a plus personne.

Mon histoire était pourtant bien intéressante!...

*
* *

Le 17ᵉ nous a quittés ce matin.

Nous lui avons fait une belle conduite de plus de deux kilomètres.

Sur tous les rangs régnait un mal aux cheveux considérable.

Hier, les gargotes de la ville ont fait fortune. Légionnaires et lignards fraternisaient comme de vieux amis.

Des bocks sympathiques ont arrosé notre bonheur commun.

Les sous-officiers de la ligne nous ont rendu notre réception hier.

Cré mâtin! on ne s'embête pas dans les réunions en France.

※ ※

Un adjudant du 3ᵉ, d'un blond fadasse, un peu chauve, œil bleu pâle, s'est révélé à nous.

Il avait caché son jeu.

Au dessert, il nous foudroyait par le comique de ses gestes, de sa mimique et de ses paroles.

Se penchait-il? on riait. Remuait-il la salade? on se tordait. Clignait-il de l'œil? c'était du délire. Ouvrait-il la bouche pour dire un mot? nous avions des points de côté!

Cet adjudant fadasse était tout un poème du rire.

※ ※

Au punch, Antoine nous présentait un soldat-orchestre.

Un vrai phénomène de foire, ancien musicien ambulant sans instruments.

Il jouait du piston avec sa bouche, de la flûte avec son nez, du trombone avec ses mains sous ses aisselles, de la grosse caisse avec ses talons, variant ses airs, mijotant une harmonie spéciale avec des moyens baroques, tout à fait nouveaux pour nous.

Ses doigts claquaient; il se déhanchait, chantait parfois, roulait des yeux inspirés, dansant quand il le fallait. Enfin, fanfare, concert et bal tout à la fois.

Il eut un succès énorme dont le plus clair résultat pour lui fut une quantité de petits verres qu'il absorbait en virtuose.

**
* *

Il était tard quand nous entrâmes au quartier.

On sait s'amuser dans la ligne, mais on ne sait pas s'ennuyer.

Petitpierre n'avait pas eu son pendant pour les scies.

Personne ne le regrettait, sauf lui, qui aurait voulu voir un confrère.

En Route de nouveau

J'ÉCRIS sous ma tente, assis par terre, comme un tailleur, mon cahier d'ordinaire sur mes genoux.

Nous sommes en route depuis ce matin pour rejoindre les camarades qui courent après Bou-Amena.

Hier, à onze heures du matin, nous recevions l'ordre de partir avec cent cinquante hommes par compagnie.

Pas facile, en six heures, de verser les fournitures, se procurer les vivres et assurer tout pour un départ aussi subit.

Aux sergents-majors incombait cette besogne.

Ce n'était pas malheureux pour nous de recevoir l'ordre de partir, car nous commencions à grogner.

Comment! la légion étrangère, troupe d'action par excellence, aguerrie par les étapes, restait immobile à garder les femmes et les enfants du Tell, pendant que les camarades de France étaient transplantés dare dare dans le désert!

Nous nous faisions un joli paquet de bile.

Les femmes ne valaient plus rien, l'absinthe non plus, et, en recevant l'ordre de déguerpir pour le Sud, nous poussions des hurlements de joie.

***

Trente kilomètres, la première étape.

Jusqu'à la deuxième pause, on chante gaiement; à la troisième, un certain silence. Quelques soldats de quinze jours commencent à fléchir et, blêmes, les traits tirés, sortent de la colonne et s'allongent en queue.

A Boukanéfis, on échange les morveux contre des anciens qui étaient là en détachement.

Le colonel, alléché par les badauds, exhibe sa voix de ténor grincheux.

Notre colonel a adopté une voix de tête fort appréciable. Ses apostrophes prennent la note aiguë et transpercent l'auditeur intéressé.

Dernièrement, au rapport, il s'écriait, plein de sollicitude :

— Première compagnie, votre hache à la cuisine est-elle en bon état ?

— Oui, mon colonel, répond le sergent-major.

— Et vous, la deuxième ?

— Egalement, mon colonel.

— Troisième ? (c'était ma compagnie).

— En très bon état, mon colonel.

— Vraiment, Monsieur, elle est en

bon état. Et moi, votre colonel, je viens de constater qu'elle avait une brèche! Quinze jours de consigne.

C'était vrai, ma hache avait une brèche et je n'en savais rien; mon colonel me l'apprenait et me le prouvait d'une manière frappante.

A Boukanéfis, les traînards apprenaient également que notre chef savait se faire comprendre dans les hautes notes.

*
* *

Nous avions vingt-cinq Algériens par compagnie.

Leur présence faisait honneur au recrutement régional, tout en nous donnant certaines inquiétudes.

Au quartier, à chaque instant, nous parlementions avec un père éploré, une mère inquiète, un frère exigeant, une sœur suppliante.

Selon le tempérament de chacun, nous étions doux, conciliants ou brutaux.

Ici, à la grand'halte, une jeune fille m'accoste.

Elle a une robe sale, des hanches superbes, des yeux immenses et effarés, un teint de bronze et une voix d'or.

— Gonzalès est-il dans votre compagnie? me demande-t-elle.

— Oui, mademoiselle, il vient en arrière.

Gonzalès arrive, elle lui saute au cou,

et pleure comme une Madeleine en l'embrassant comme du bon pain.

J'apprends ensuite que c'est la fiancée de Gonzalès.

Il me sera difficile de stimuler cet homme s'il faiblit; je me rappellerai toujours la scène des adieux.

***

Pas de café à la grand'halte; le caporal d'ordinaire l'a oublié.

Nous nous brossons le ventre.

Nous partons.

Voilà une petite rivière. Il y a un ponceau où deux hommes peuvent passer de front.

Nous ne sommes pas du tout pressés; l'étape est courte. Mais, pour nous aguerrir, on ordonne à la colonne de marcher dans l'eau jusqu'à la ceinture.

Nous aurions préféré le ponceau.

* *
 *

Hier, nous étions à Ben-Youb, village de quinze maisons.

De l'eau partout, rivière tout le long de l'étape.

A un kilomètre du village se profile sur l'horizon la somptueuse demeure d'un propriétaire africain.

Une jeune fille se tient sous le porche. Elle est grande, assez jolie, taille bien prise, buste confortable et nez long.

Un officier se détache et va lui serrer la main.

Une conversation gracieuse s'engage. Le son de sa voix est bien timbré et sympathique. Son sourire met deux rangées de dents blanches au grand jour.

Je la regarde, elle ne me regarde pas; là s'arrêtent nos relations.

Quelle délicieuse vision pour un soldat couvert de poussière dans un pays sauvage !

※

Nous poursuivons notre route.

Au village, rien de particulier.

Un fournisseur ivre, quelques juifs graisseux, une église à moitié démolie, un puits asséché, une dizaine de jardins potagers brûlés du soleil, un chien maigre qui passe dans la rue, une cigogne planant au-dessus de l'école où dorment six élèves des deux sexes, deux femmes espagnoles qui sourient aux soldats, un scorpion sous ma tente et une bonne nuit de sommeil.

Ce matin, j'étais d'arrière-garde.

Deux ou trois traînards seulement, les hommes s'aguerrissent.

Sur le bord de la route, j'aperçois un nez rouge, dont le propriétaire était un brisquard de vieille souche.

Très courageux, il s'éponge le front à mon approche, attrape son sac et file en soupirant.

Je fume tout le temps d'interminables pipes, qui activent mes réflexions.

A Slissen, une maison, un ruisseau et une cantine.

Dans la cantine, un homme laid et une femme très jolie. Je la regarde de toutes mes forces.

Plus nous avançons vers le sud, plus nous nous éloignons de la civilisation, plus nous apprécions le sexe faible qui se fait rare.

Le belle cantinière répond à mes désirs en n'y faisant pas attention et continue à servir du *crick* aux soldats assoiffés.

Fatigué, je me couche.

Mon sommeil est accidenté. Mes nerfs me donnent des coups de massue qui me font bondir sur l'alfa, j'ai les membres moulus, les reins en capilotade.

**

Nous sommes à Daya.

Je viens de faire mes emplettes pour l'ordinaire chez le fournisseur.

Nous avons toute la journée de demain pour nous reposer et je me promets d'aller visiter la *Vigie*, petite redoute juchée sur le sommet d'un pic du Moyen-Atlas.

Elle commande les Hauts-Plateaux et donne asile à une vingtaine d'hommes du bataillon d'Afrique.

Hier, étape pittoresque.

Nous cheminons tout le long de la rivière que nous traversons quatre fois à sec durant le trajet.

De beaux arbres partout, de belles essences, ce qui me réconcilie avec l'aspect maigre ordinaire des forêts algériennes.

A Magenta, une fort belle redoute pour mille hommes. Elle en contient une centaine en ce moment.

Du 1er juin au 1er octobre, il y aura un caporal et quatre hommes relevés tous les huit jours.

Impossible d'habiter Magenta pendant cette période, les fièvres y sont trop exigeantes.

La population, les animaux, les bourriquots, les chiens, jusqu'aux soldats qui fuient.

Et pourtant cette redoute a coûté des milliers et des milliers de francs.

* *

Pour notre arrivée, le fournisseur avait fait des frais.

Nous dînons chez lui, les sergents-majors, et il nous sale d'importance.

Encore une belle jeune fille à signaler. Elles se font bien rares.

Un fouillis de cheveux incultes, un nez à tous les vents, des lèvres rouges, festonnées, agitées d'un tic nerveux qui découvre de ci de là un fond blanc de dents saines, une robe noire et sale; employée démissionnaire des postes, graduée de l'Ecole normale, parole vive et animée, voix nette, tranchante et bien douée; somme toute, assez bonne pièce à étudier.

Elle nous sert un repas copieux, auquel nous faisons honneur.

**
* **

En entrant au camp, Magny reçoit un affront.

Le colonel avait visité les sacs de l'ordinaire. Notre camarade y avait fait mettre un ballot d'outils de cordonnier avec quelques kilos de clous.

— A qui ces ballots? s'écrie le colonel, d'une voix assurée.

— A la deuxième, répond Magny.

— Dans quelle armée avez-vous donc servi? riposte le colonel.

Magny a fait ses débuts dans l'armée des Etats-Unis.

— Dans une armée où l'on sait servir, mon colonel, répond-il, respectueusement.

Le colonel lui administre quinze jours de salle de police.

Aujourd'hui, le colonel a levé sa punition et a prescrit aux autres compagnies de faire venir des outils de cordonnier, qui nous rejoindront pendant le séjour.

Magny jubile.

**
* **

Ce matin, nous avons fait une étape courte, mais bonne.

Une montagne à pic à franchir.

Nos hommes soufflaient comme des forges, les souliers jetaient des étincelles dans les cailloux, les têtes tournoyaient un peu au sommet de la montagne et nous arrivions à Daya à dix heures du matin.

Demain, nous avons repos et peut-être pour plusieurs jours.

**
* **

Nous sommes restés sept jours à Daya.

Le quatrième, j'étais d'avant-poste avec mon peloton.

Rien à signaler, sauf quelques grands arbres isolés que je prends pour des cavaliers ennemis dans mes rondes de nuit.

Au réveil, nous faisons un festin de circonstance : une matelote de serpents apprêtée par le cuisinier du détachement.

Les hommes disponibles étaient partis en chasse la veille et avaient fait une razzia de toutes les couleuvres grassouillettes en ballade dans la forêt.

Ce n'est pas très bon, très bon, mais avec un peu de bonne volonté on dirait des anguilles.

* *

Ce matin, à onze heures, nous sommes arrivés à Sidi-Chaïb, avec quatre cent cinquante chevaux, cinquante bourriquots, sept cents fantassins, trois cents spahis, deux cent vingt-cinq goumiers et des vivres pour trente jours.

Belles sources à l'étape et jolie oasis. Des pigeons en masse qui se laissent tuer à coups de matraque.

Mon capitaine, très doux d'habitude quoique rouge de figure, se fâche après un loustic et lui lance un coup de poing dans la nuque, l'envoyant piquer une tête dans une rigole.

C'était une brute qui a compris de suite l'argument persuasif du capitaine.

*
* *

Après Sidi-Chaïb, El-Hamman, point quelconque situé sur les Hauts-Plateaux.

De l'alfa, du thym et des puits bourbeux. Il y a à boire et à manger dans cette eau.

J'espère bien que nous aurons tous le ver solitaire.

Djerf-el-Rorab, étape suivante.

Le long du trajet, beaucoup de chantiers d'alfa. Quelques centaines d'Espagnols qui travaillent pour la *Compagnie Franco-Algérienne.*

Au gîte, un redir, trou d'eau bourbeuse. Trop de boue dans ces parages.

*

Bou-Guern, onze puits saumâtres, dans le Chott El-Chergui.

Tout près, un campement de la tribu des Hamyans.

Grand'halte à El-Hamra.

J'avais une faim indiscutable. Je me sentais disposé à dévorer l'arrière-train d'un animal quelconque.

Nous parlementons avec quelques indigènes qui nous vendent un agneau. La pauvre bête n'a pas fait long feu. Pour ma part, j'en ai mangé un gigot entier.

Le soir même, nous avions une alerte, la première.

Un peu d'énervement partout, car c'était la nuit. Nos hommes se remettent bientôt, cependant, caressant anxieusement leur fusil et interrogeant l'horizon. Rien.

Voilà des gaillards qui n'ont pas l'air commodes. A la place des Arabes, je m'abstiendrais.

**

Nous sommes rejoints par deux compagnies du bataillon d'Afrique, une section du 9ᵉ d'artillerie de Castres et une cinquantaine de mulets.

En tout, deux cents hommes de plus, sept officiers et vingt sous-officiers.

Nous leur faisons un accueil enthousiaste.

Voilà un bon point pour l'émulation.

Légionnaires, *joyeux*, spahis, artilleurs de France, chasseurs d'Afrique et tirailleurs.

Avec de pareils éléments, on ne doit pas craindre les défaillances.

Diable ! nous nous observerons mutuellement.

* *

A Ogla-Sérour, sur le Chott, hier, nous avons eu une tempête mal venue.

Toutes nos toiles filaient dans le Chott comme des papillons.

Une pluie battante, avec accompagnements d'éclairs et de tonnerre, nous rinçait de partout.

Les feux éteints, pas de soupe. Des frissons nous secouent et nous remontent les épaules jusqu'aux oreilles, les chevaux rompent leurs liens et se précipitent, affolés, dans le bourbier du Chott, les chameaux se débandent et pleurent à fendre l'âme, les bourriquots arabes nasillent avec acharnement et nous, nous jurons avec conviction.

Musique panachée et spectacle pittoresque ! Mais la moindre éclaircie ferait bien mieux notre affaire.

Une double ration d'eau-de-vie, un peu de soleil et beaucoup d'efforts de tout le monde finissent peu à peu par remettre les choses en place.

*

A Fékarine, où nous sommes en ce moment, beaucoup d'alfa, beaucoup d'eau mauvaise, — c'est monotone, partout l'eau est mauvaise, — et arrivée des premiers mercantis juifs, qui nous vendent cent sous un pain de trois livres.

Depuis quinze jours, nous mangions du biscuit et le tabac se faisait rare.

Pas de pain, pas de tabac, deux choses qu'on ne pardonne jamais.

Les juifs offrent pour trente sous un paquet de tabac de deux sous.

C'en est trop, les *joyeux* et les légionnaires bousculent juifs et marchandises et font une razzia de toutes leurs provisions.

Ma foi, aussi, ces juifs sont trop rapaces, je n'ai pas la force de les plaindre, ni le courage de blâmer nos hommes.

* *

D'autant que ce matin, les lascars de chez moi se sont très bien conduits.

Ma compagnie marchait en queue de colonne.

Il pleuvait, que c'était un parti pris. Un vrai déluge sur nos têtes, des gouttières le long de nos échines, une boue particulièrement collante à nos pieds et une grinche générale dans les esprits.

A deux kilomètres de l'étape, un mulet de l'artillerie s'écrase et tourne l'œil, nous laissant sur les bras un affût de cent kilos, un brancard et un bât.

Le conducteur prend les devants et va chercher du renfort.

Mais il est long à revenir et la pluie fonctionne de plus belle.

Des jurons énergiques commencent à circuler. On en veut au mulet d'être mort à la peine.

Saisissant l'instant, je m'écrie :

— Allons, les légionnaires, est-ce que cette ferraille-là va nous faire poser longtemps ici ?

Quatre vigoureux gaillards empoignent l'affût, le hissent sur leurs épaules; d'autres saisissent le brancard et le bât, et le capitaine donne l'ordre de marcher.

A notre entrée au camp, les artilleurs nous acclament.

*
* *

Puis il fallait dresser nos tentes.
Les outils portatifs grattent partout le

sol à vingt centimètres de profondeur, nos toiles sont tendues avec peine et nous essayons de trouver dans nos sacs un morceau de linge à peu près sec.

Ce n'est pas chose facile.

Et là-dessus des mercantis juifs qui nous demandent cent sous pour un pain et trente sous pour un paquet de tabac.

Il n'y avait plus de patience nulle part et les juifs s'en aperçurent.

Et moi, tant pis, je tournai le dos.

* *
*

Nous sommes ici depuis quatre jours.

Le premier soir, une alerte d'autant plus émouvante, que l'ennemi est signalé aux environs.

Il était minuit. On culbute les tentes et on saute aux faisceaux.

Les bouchons de fusil sont enlevés, les culasses mobiles fonctionnent et les doigts tâtent nerveusement les cartouches dans la giberne.

Nous restons là une bonne demi-heure, immobiles.

Nous recevons enfin l'ordre de rentrer sous la tente.

Quelques Arabes du *goum*, peu initiés aux minuties du service en campagne, s'étaient amusés à aller à la chasse à l'affût.

Ils furent bâtonnés et tout fut dit.

* *

Le lendemain, il faisait un beau soleil et une fraîche brise.

Avec deux camarades, nous allons aux sources, seul but de promenade.

Par extraordinaire, les eaux étaient assez limpides ce jour-là.

Elles sortent d'une source abondante et s'écoulent dans un petit marécage, sur les bords duquel poussent de longs roseaux et quelques palmiers.

Nous nous y installons, à l'ombre.

A peine étions-nous assis que des voix claires se font entendre, des piétinements précipités se rapprochent et des *Arias! Arias!* encourageants, avec des coups de matraque sur les échines, résonnent dans l'air.

Ce sont les femmes d'un douar voisin qui viennent à l'eau avec des bourriquots.

Elles sont une dizaine, la plupart vieilles, ridées, bossues, des monstres.

Dans le tas, une mignonne enfant, avec de grands yeux ahuris, une sveltesse de formes, une grâce juvénile dans tous ses gestes.

Son costume est simple : une pièce de cotonnade d'un blanc terreux, en forme de sac, fendu jusqu'aux hanches pour laisser passer les bras nus et descendant jusqu'au genou.

※

Elle détache ses peaux de bouc accrochées aux flancs d'un docile bourriquot qui attend, mélancolique, son chargement du retour.

Elle plonge ses outres dans la source pour les remplir.

Pendant ce temps, nous admirons la fillette, tout étonnés de sa beauté, de sa souplesse élégante sous ses haillons, de la douceur de sa voix, de ses mouvements qui découvrent des charmes pudiques, s'étalant sans honte dans leur nudité inconsciente.

Nous sommes tous trois silencieux, à réfléchir, à penser comme c'est beau, une femme.

Aussi, il y a plus de deux mois que nous n'en avions vu.

Ici, plus que jamais, nous comprenions la nécessité du sexe faible.

Soigneusement cachés par les roseaux,

nous n'avions pas bougé, craignant de voir s'envoler comme une ombre la jolie vision jetée ainsi dans l'ennui de notre existence.

Mais ce coquin de Pascal est nerveux, impressionnable et très entreprenant.

Il se lève et fait mine de se diriger vers le groupe.

A sa vue, c'est une panique générale.

Les femmes poussent des cris étourdissants, lâchent là outres et bourriquots et détalent dans la plaine comme une volée de moineaux, avec des gestes effarés, toutes les marques de la plus profonde terreur.

* *
*

Les bras nous tombent et, quelque peu attristés de ce résultat inattendu, nous essayons de les rassurer par des signes pacifiques.

C'est en vain, leur frayeur redouble; elles se sauvent encore plus loin, s'arrê-

tent par instant pour nous regarder, groupées comme des gazelles effarouchées.

Nous quittons l'endroit sans avoir pu les tranquilliser.

De loin, nous voyons les pauvres femmes s'encourager mutuellement, revenir craintives et inquiètes, reprendre vivement leurs peaux de bouc, qu'elles emportent à moitié vides, en tournant fréquemment la tête de notre côté. Elles stimulent leurs bêtes pour quitter au plus tôt le voisinage des roumis.

Nous voilà donc passés à l'état d'épouvantails de femmes!

Combat de Chellala

Depuis plus d'un mois, nous parcourons la plaine en tous sens, toujours à la poursuite de cet insaisissable Bou-Amena.

Nous ajoutons kilomètres sur kilomètres sans autre résultat que des fatigues inouïes, de la misère, souffrances de la faim, ennuis de toutes sortes.

Rien à signaler pendant tout ce temps, sauf de nombreuses alertes provenant de quelques coups de fusil de maraudeurs.

Nous en étions tellement blasés que nous ne prenions seulement pas la peine de sortir de nos tentes.

Et puis, nous cherchions depuis si longtemps ce sacré Bou-Amena que nous finissions tous par croire qu'il n'existait que dans l'imagination de nos espions.

Ajoutons également que notre surveillance s'était quelque peu relâchée à la suite de la sécurité parfaite de nos marches.

Mal nous en prit.

* *

Au départ de l'étape, le matin du 19 mai, la colonne avait en tête le bataillon de la légion; un bataillon du 2ᵉ zouaves, qui nous avait rejoints dans l'intervalle, couvrait les flancs, et enfin un bataillon du 2ᵉ tirailleurs algériens fermait la marche.

Le 4ᵉ chasseurs d'Afrique et les goumiers précédaient la colonne et gardaient les flancs au loin.

Nous avions un convoi de plus de trois mille chameaux, dont l'allongement s'étendait sur un espace de six ou sept kilomètres.

Les troupes de tête étaient complètement invisibles aux fractions de queue.

Cet ordre de marche était assez imprudent, car il se prêtait facilement à un coup de main hardi.

Mais, je le répète, nous ne croyions plus à la présence de l'ennemi.

* *

Vers huit heures et demie, au moment de s'engager dans une vallée de trois kilomètres de largeur, bordée des deux côtés de collines d'un certain relief, on signale l'ennemi à cinq ou six kilomètres en tête.

De suite, la légion reçoit l'ordre de mettre sac à terre et de se porter en avant.

Les zouaves doivent garder les flancs et les tirailleurs, la queue.

Ces précautions nous font sourire, si

sceptiques que nous étions sur la présence de l'ennemi.

Mais bientôt, cependant, nous voyons avec une vive satisfaction que des masses profondes de burnous blancs et noirs s'avancent au-devant de nous. Elles formaient trois groupes.

Au centre, de nombreux fantassins nègres et, sur les deux ailes, deux colonnes de cavaliers Trafics, révoltés de la première heure; puis des Doui-Ménia et des Ouled-Sidi-Cheick, reconnaissables à leurs étendards. En tout, à peu près trois à quatre mille hommes.

Rien à craindre, car nous avons plus de trois mille fusils d'infanterie, une batterie d'artillerie, deux cents sabres et cinq cents goumiers.

La légion ouvre le feu à mille mètres et l'ennemi continue quand même à avancer.

Le combat va devenir sérieux. Les Arabes sont à quatre cents mètres de nous, sans grand danger pour nos troupes cependant, car leurs projectiles, trop courts, ricochent en avant de notre front.

* * *

Les zouaves, toujours ardents, voient ce qui se passe en avant et veulent avoir leur part de l'affaire.

Ils font d'immenses conversions, déployant deux compagnies sur chacune de nos ailes, les prolongeant à droite et à gauche.

Le convoi se trouve ainsi dégarni sur ses flancs.

Et les tirailleurs, qui sont à six kilomètres en arrière, ne savent pas encore ce qui en retourne et s'efforcent de faire serrer la queue du convoi pour venir à leur tour prendre part à l'action..

Bou-Amena a saisi le mouvement des zouaves.

Plus habile tacticien que nous ne le croyions, il laisse ses fantassins tomber comme des mouches sous nos projectiles, contourne le mamelon de gauche et vient se jeter comme une trombe dans le flanc du convoi.

**

Les vaguemestres des différents corps, les caporaux d'ordinaire, quelques ordonnances d'officiers, un certain nombre d'hommes de garde aux munitions de réserve et une vingtaine de chasseurs d'Afrique avec un officier, sont les seuls défenseurs du convoi.

Les tirailleurs sont encore trop loin.

Les gardes du convoi, sur le qui-vive, voient bien l'avalanche de cavaliers arabes qui fondent sur eux.

Mais il y a de l'indécision.

— Ne tirez pas, crient les uns, ce sont nos goumiers.

— Tirez, disent les autres, c'est Bou-Amena !

Avant d'avoir pris une décision, ils étaient culbutés, sabrés, assommés, fu-

sillés à bout portant par des centaines de cavaliers, qui chassent devant eux les chameaux du convoi.

Les pauvres bêtes, affolées, lancent leur chargement à tous les diables.

Caisses de biscuit, tonneaux de vin et d'eau-de-vie, cantines à bagages des officiers, cantines médicales, tout le saint-frusquin roule sur le sol dans un gâchis parfait, et les chameaux filent vers les montagnes, chassés par les cavaliers de Bou-Amena.

Les chasseurs d'Afrique, ahuris un moment, se groupent bientôt, et, conduits par leur officier, M. de Laneyrie, ils se lancent contre les Arabes.

Tous y laissent la vie. Seul leur officier revient avec trois balles dans le corps. Il est mort ce matin.

*
* *

Les *sokrars*, conducteurs de chameaux de la colonne, voyant leurs compatriotes victorieux, renversent eux-mêmes les chargements de leurs bêtes, sautent en croupe et filent vers la montagne.

D'autres achèvent les blessés, défoncent les caisses de biscuit, s'en font une provision et prennent le large.

Quelques-uns, qui s'étaient arrêtés près de l'endroit où les sacs des légionnaires avaient été déposés, coupent les bretelles et les patelettes, s'emparent du linge et des cartouches, empoignent les fusils des morts et rejoignent Bou-Amena.

***

Pendant ce temps, on s'amusait à tirer à la cible à trois kilomètres en avant.

— Tiens, vois-tu ce grand nègre? Je parie que je le tombe en trois coups, s'écrie mon fourrier.

— Allons-y! répond un sergent.

Et plusieurs coups de feu s'abattent sur le pauvre diable, qui bondit comme un cerf quand il est frappé et s'écrase ensuite comme une masse.

Je n'ai jamais rien vu de plus agréable.

Tous nos coups portaient.

C'étaient des visions continuelles de grands burnous qui s'agitaient un instant dans le vide, pour retomber ensuite comme des oiseaux à qui on a coupé les ailes.

Et le feu rapide continuait sans cesse sur toute la ligne.

Ce que nous en avons tué, de ces moricauds-là !

Et chez nous, pas une égratignure. Oui cependant, une balle est venue s'aplatir sur la semelle d'un homme qui tirait à genou.

**
* **

L'artillerie y allait à merveille.

Une section surtout, commandée par un adjudant, faisait feu de ses deux pièces avec une justesse et une précision qui nous émerveillaient.

Chaque obus tombait dans le tas et soulevait des tourbillons de poussière au milieu de laquelle apparaissaient, comme d'immenses chauves-souris, de pauvres gueux qui bondissaient en l'air pour retomber ensuite fendus, écrasés comme des figues.

On tira quarante et un coups, et chaque coup portait à fond.

**
* **

En arrière, les tirailleurs, qui s'étaient arrêtés au bruit du canon, avaient fait demi-tour, prêts à recevoir l'ennemi.

Ils se trouvaient ainsi à six kilomètres de la première ligne, et un repli de terrain leur masquait l'emplacement du convoi.

Ils en furent quittes pour une attente d'une demi-heure, car l'action ne dura guère plus.

**

Nos goumiers avaient disparu dès les débuts de l'affaire, et les chasseurs, qui s'étaient d'abord portés en tête avec l'infanterie, étaient revenus au convoi en apprenant, par quelques hommes échappés au massacre, que le désordre s'y était mis.

Mais il était trop tard, et, au loin, ils aperçoivent l'ennemi qui se hâte de chasser des groupes de chameaux devant lui.

N'hésitant pas un instant, ils fondent sur les Arabes, qui abandonnent une partie de leur butin, et ramènent une centaine de bêtes.

Pendant ce temps, on fait prévenir le colonel du désastre du convoi.

Il donne l'ordre de suspendre l'action, qui était d'ailleurs finie faute de combattants ennemis, et de retourner en arrière.

※
※ ※

Joli gâchis !

Tout est pillé, les sacs sont éventrés, les vivres ont disparu, les munitions de réserve en grande partie emportées, les bagages des officiers complètement enlevés, et nous trouvons une cinquantaine de cadavres sur le terrain.

Nous ne rions plus.

Mais nos hommes, furieux, deviennent un instant presque incontrôlables.

Ils se ruent sur quelques tonneaux d'eau-de-vie qui gisent épars, les défoncent, boivent et tombent ivres-morts.

Au moment du départ, plusieurs cavaliers portent des fantassins ivres en travers de leurs selles.

C'est un vrai désastre.

Somme toute, en récapitulant, il nous manque cinquante-deux hommes tués, une quinzaine de disparus et plus de vingt blessés sur les cacolets, dont un officier de chasseurs d'Afrique.

*
* *

Tristement, après avoir mis un peu d'ordre dans la colonne, nous rétrogradons, le fiel dans l'âme, la rage au cœur, bien disposés à faire payer cher à l'ennemi l'espèce de succès qu'il vient de remporter.

Les deux ou trois cents Arabes tombés sous nos balles ne peuvent nous consoler de nos pertes.

Aujourd'hui, la ration a été réduite de moitié et nous en avons encore pour trois ou quatre jours avant de rencontrer une colonne de secours.

Chaque nuit, nous bivouaquons en plein air, faute de tentes, qui nous ont presque toutes été enlevées.

Ah! les pouilleux, ils nous le paieront!

*
* *

Nous sommes de nouveau à Fékarine.

Il était temps, car nous n'avions plus un radis à manger.

Ici nous avons trouvé une colonne de ravitaillement en vivres, en munitions et en effets de toutes sortes.

Ça fait plaisir de voir des camarades.

Ils nous apprennent que le général commandant la subdivision d'Oran est en route pour venir prendre le commandement des deux colonnes réunies.

Cela nous réconforte, car nous espérons bien avoir notre revanche.

En route, nous avons perdu tous nos blessés ; ils n'ont pu résister ni à la chaleur, ni au ballottement cruel des cacolets.

A chaque étape, nous enterrions un ou deux hommes.

Avant-hier, ma compagnie rendait les derniers honneurs à un des nôtres.

Avec deux caisses à biscuit, nous lui avons fabriqué un cercueil. C'était un jeune Suisse de vingt-deux ans. Il avait eu le crâne ouvert d'un coup de matra-

que et la joue déchirée de la bouche à l'oreille par le crochet de l'un de ses bâtons.

A cent mètres du camp, le cortège s'arrête et l'on dépose la caisse.

Quelques hommes se mettent de suite à creuser une espèce de fosse avec les outils de compagnie.

— Mais la terre est dure et il se fait tard.

On dépose enfin la bière dans une excavation de quarante centimètres de profondeur; on la recouvre soigneusement de terre et on y entasse dessus toutes les grosses pierres qu'on peut trouver aux environs pour empêcher les chacals de dévorer le cadavre.

Mon capitaine, ensuite, d'une voix émue, fait un adieu touchant au camarade. Et moi, comme sergent-major de la compagnie, je récite à haute voix un *Pater* et un *Ave* auxquels répondent les hommes, tête nue et émotionnés.

Puis nous défilons devant la tombe en saluant.

Demain, ce sera peut-être notre tour!

* * *

Le 2 juin, nous avons reçu le général Détrie. Il a été acclamé.

Puis nous avons rétrogradé sur le Kreider.

Le 4, nous campons à Ogla-Menesla, non loin de Chott El-Chergui.

Rien de remarquable, si ce n'est l'eau, que nous trouvons au fond d'un puits avec trente centimètres de mousse verdâtre sur sa surface.

Cette eau est verte aussi et elle a un goût d'œufs pourris.

Mais nous avons soif et il faut boire quand même.

Quelle excellente purgation nous avons prise là!

Pendant toute la nuit, c'était un va-et-vient continuel du camp au dehors.

Nos boyaux délabrés se tordaient dans des transes hurlantes.

Mais l'eau verte tenait bon, et nous courions tous dans la plaine.

Le matin, à la première halte, à peine les faisceaux étaient-ils formés, que tous, comme un seul homme, avec un ensemble parfait, nous nous lançons à l'écart.

Ce camp fut dénommé par les troupiers « le camp des m...amelons plats».

※

Nous sommes de retour au Kreider, après avoir fait une petite excursion à Tismoulin, à trois étapes d'ici.

A Haci-el-Hadri, pas d'eau : nous trouvons les puits remplis de cadavres d'animaux.

Voilà un excellent moyen d'assoiffer des chrétiens.

A Tismoulin, ma compagnie enterre encore un homme, mort de la fièvre typhoïde.

Beaucoup de malades sur les cacolets.

Ça commence à aller mal.

Au retour, marche de nuit. Nous brûlons Haci-el-Hadri et nous arrivons le lendemain à Ogla-Menesla, de diarrhéephile mémoire, avec cinquante-trois kilomètres dans les pieds.

※

Une marche de nuit, c'est gênant.

On dort debout, on butte partout, la fatigue est double, on a des douleurs violentes aux tempes, les yeux sont pleins de picotements lancinants et le sac est bien plus lourd.

Je marchais à côté de mon capitaine.

Nous causions comme de vieux amis, car les misères communes rapprochent singulièrement les distances.

Il me parle quelques instants des mauvaises nouvelles qu'il vient de recevoir de chez lui : sa femme et son enfant sont malades.

Puis il se tait.

Son profil anguleux se découpe net sur le ciel clair, sa main tiraille nerveusement les deux grandes pointes de sa barbe.

Sa peine m'attriste profondément. Je me sens moi-même envahi par un grand découragement.

Il était temps que la lumière du jour vînt nous égayer un peu.

Allons ! décidément, ça ne vaut rien les marches de nuit.

*

Nous apprenons que Bou-Amema a fait du propre.

Après Chellala, il a filé avec ses cavaliers vers les Hauts-Plateaux, où il a tout simplement massacré trois cents ou quatre cents alfatiers.

Oh ! si nous pouvons le rattraper de nouveau, en voilà un qui ne fera pas long feu.

En attendant, nous partons à onze heures pour lui courir après.

Il s'en moque pas mal de notre poursuite.

Avec ses cavaliers, il fait cent kilomètres par jour et nous, quand nous en avons fait quarante, nous en avons assez.

Pour le pincer, il faudrait le poursuivre quand il a sa smala ou ses troupeaux avec lui. Mais il a pris soin de laisser ces choses gênantes à cent kilomètres au sud du Figuig.

**

Nous avons couru deux jours pour des prunes.

Bou-Amema nous a proprement distancés.

Hier, nous rencontrons un malheureux Espagnol à moitié mort de faim et de fatigue.

Fait prisonnier par les révoltés, il a pu s'esquiver de leur camp, avec une balle dans l'épaule.

Il nous apprend que les Arabes sont très nombreux et qu'ils emmènent en captivité une dizaine de femmes et quelques hommes. Les femmes ont été données aux chefs et les hommes servent d'esclaves.

Ils ont aussi avec eux quatre ou cinq soldats faits prisonniers à Chellala. Il paraît qu'ils ne sont pas maltraités.

Si nous avions des ailes pourtant !

** *

A l'instant nous recevons l'ordre de rentrer dans le Tell, pour reprendre la campagne à l'automne.

Car il est impossible de vivre ici sans eau pendant l'été. Et puis nos espions nous ont appris que Bou-Amema se dirige sur Tafilalet, au diable, dans le désert.

Inutile de songer à aller le dénicher dans ce pays de feu.

A l'automne prochain alors !...

La Colonne de Négrier

Nous sommes campés à Ras-el-Ma depuis près de cinq mois.

Rien de particulier.

De l'ennui, de l'absinthe et quelques exercices au programme de chaque jour.

Ce que j'ai fait de siestes pendant ces cinq mois !

Un seul événement à noter.

Un bataillon de France, pris dans le centre et transplanté sans arrêt à Ras-el-Ma, n'y a pas fait de choux gras.

Nous avions vu ici le 17e, le 32e, le 144e, le 81e, le 41e, le 3e, le 16e, le 15e, etc., et nous fraternisions beaucoup.

Arrive le N° de ligne et ça change avec celui-là.

Le commandant, un homme toujours malade et particulièrement moral, avait défendu à tout son monde de nous fréquenter.

La suite fut presque un désastre.

Le commandant toujours sous la tente, les officiers bourrés de nostalgie et peu sociables par ordre, et les hommes, tristes, confinés dans leurs gourbis ne sortant pas de peur de rencontrer quelques-uns de ces sacripants de légionnaires.

Résultat : au bout d'un mois, la moitié des lignards sur le flanc ou enterrés dans l'alfa, et des ordres de rentrer en France.

Voilà où mène l'ostracisme : à la paresse, à l'hypocondrie et enfin à la mort.

***

Au Kreider, de nouveau.

Quel changement à vue. Au mois de juin, quand nous y sommes passés les premiers depuis 1870, on n'y voyait rien que les ruines d'une vieille redoute construite en 1852.

Maintenant, des mercantis y vendent du rhum, du saucisson et des conserves, le chemin de fer y passe, une nouvelle redoute est en voie de construction et des femmes faciles sont même venues y jeter des racines profondes.

Nous sommes ici sept mille chameaux, deux bataillons de la légion, deux bataillons du 2ᵉ zouaves, deux bataillons du 2ᵉ tirailleurs, deux escadrons du 4ᵉ chasseurs d'Afrique, un escadron de hussards, deux compagnies du train et un colonel. Le général Delebecque doit venir bientôt nous y rejoindre.

Et, de plus, trente jours de vivres.

**

Nous avons pour chef notre nouveau colonel, M. de Négrier.

En voilà un qui ne badine pas.

Raide comme le règlement, toujours sur pied, très élégant, ganté de frais, avec du linge blanc chaque jour, à cheval dès l'aube et mettant pied à terre à la nuit.

Il mène les choses rondement.

Le légionnaire qui bronche est sûr de son affaire.

Avec tout ça, estimé, admiré et redouté.

On a une confiance illimitée en lui. Les hommes, qui le craignent, se feraient couper en petits morceaux pour lui plaire.

Aussi, tout marche à merveille.

Nous partons demain pour Sidi-el-Abiod. Il paraît qu'il y a là une kouba qui ennuie le colonel.

*
* *

Nous y sommes, à Sidi-el-Abiod.

Hier, nous avons traversé le champ de bataille de Chellala, plus exactement El-Monalock.

Des ossements, des fémurs, des tibias,

des crânes, beaucoup d'objets de tristesse.

On les a ramassés et, ayant creusé une fosse, on y a enfoui ces lugubres débris avec les plus grands honneurs militaires.

Puis le colonel a fait venir les notables de tous les ksours voisins.

En leur présence, nous avons construit un tumulus en pierres sèches sur la tombe de nos morts.

Ce travail terminé, le colonel a fait aux chefs arabes à peu près le petit discours suivant :

— Messieurs, cette tombe est sous votre garde; si jamais une seule pierre en est détachée, je vous ferai tous fusiller.

C'était sec, mais bien tapé, et les kébirs arabes, dans leurs burnous rouges, avaient tout à fait l'air d'avoir compris.

***

A Sidi-el-Abiod, il nous restait un autre devoir à accomplir.

Le colonel assemble les grands chefs des environs et leur dit simplement :

— Déterrez-moi votre saint.

Ceux-ci se récusent, en disant qu'ils seraient foudroyés s'ils y touchaient.

— Je vous fais tous fusiller à l'instant et je fais ensuite sauter la kouba si vous ne faites pas ce que je vous dis.

Ce diable d'homme ne parlait que de faire fusiller tout le temps.

Les Arabes, au son d'un argument si suggestif, se mettent à la besogne et, après un laborieux déblaiement, on extrait un volumineux sarcophage.

A sa vue, toute les troupes de la colonne, massées en carré autour de la kouba, présentent les armes et les tambours et clairons battent et sonnent aux champs.

Puis on fourre quelques centaines de kilos de poudre dans les fondations de la mosquée et, deux minutes après, la sainte kouba sautait dans les nuages.

* *

Le colonel fait ensuite placer le cercueil du grand saint sur un chameau richement caparaçonné d'or et de pierreries et lui adjoint une garde d'honneur.

S'adressant alors aux chefs arabes atterrés, il leur dit :

— Vous voyez, nous respectons vos saints et vos croyances; mais cette mosquée était un foyer religieux de révolte contre la France. Je l'ai détruite. Je transporte votre marabout chez nous, à Géryville, où je lui ferai élever un temple digne de lui : vous viendrez l'adorer là.

Très expéditif, notre colonel, et peu commode pour les Arabes.

Et en route donc pour Géryville!

Voilà un saint bien casé.

***

Nous sommes arrivés à Méchéria, après être passés par Chellala, Tiout, Aïn-Sefra, etc.

Marches pénibles sans résultats.

Au Djebel-Smir, une émotion imprévue.

La colonne longeait une ligne de hauteurs escarpées.

Soudain, une fusillade bien nourrie sur les montagnes et une grêle de balles s'abat sur nous, nous tuant un caporal et deux hommes.

Certain désarroi dans la colonne. On hésite un instant, assez offusqués d'une attaque aussi inattendue.

Le colonel, qui marche en tête, se tourne sur son cheval et s'adressant à la première compagnie :

— Allons, les légionnaires, est-ce qu'on aurait peur maintenant au régiment ?

Puis, tranquillement, mettant pied à terre, il commence tout seul à gravir la montagne où n'a pas cessé la fusillade.

Pristi! il ne fut pas longtemps seul.

Quelques minutes après, les hauteurs étaient couronnées de pantalons rouges, parmi lesquels il y avait beaucoup de zouaves.

**

Les Arabes n'ont pas de chance.

J'en trouve pour ma part sept ou huit affaissés sur les crêtes des rochers, avec des trous de baïonnette dans la poitrine ou la tête démolie par une balle.

Du sang partout. Ils paraissent maigres, ces pauvres diables, mais ils saignent beaucoup quand on les tue.

De notre côté, outre le caporal et les deux hommes de la légion abattus au début, nous perdons un lieutenant de zouaves, écrasé par un fragment de rocher; deux adjudants sont grièvement blessés et cinq hommes sont tués.

C'est trop de sang français gaspillé.

*
* *

Nous prenons nos quartiers d'hiver à Ben-Khélill.

De bons puits, une vieille redoute assez bien conservée et un cimetière bien garni qui nous relate le passage de la colonne de Wimpffen en 1870.

A propos de cimetière, j'ai visité celui de Méchéria.

Un bataillon du 2ᵉ zouaves et un bataillon du 41ᵉ de ligne y ont construit une redoute en pierres sèches et aménagé les sources.

Beaucoup de miasmes dans ces parages.

Preuve, trente-deux tombes dans le petit cimetière, pieusement entouré d'un mur.

J'ai fait là une promenade bien triste.

Dans les allées, très propres et bien entretenues, je rêvais en lisant les noms de nos pauvres morts, écrits par les mains des camarades, avec de petits cailloux ronds, sur la tombe de chacun.

**
* **

Dans le trajet d'Aïn-Sefra à Ben-Khélill, nous avons été bloqués par la neige à Mahroun.

La veille, le temps menaçait, le vent était d'un frisquet très vif et de gros nuages commençaient à mouiller nos toiles.

Pendant la nuit, la neige tomba.

Le matin, je me réveille au son du clairon qui sonne au rapport.

Il fait une nuit complète sous ma tente.

Inquiet, je conclus à une alerte.

Je me lève précipitamment, ma tête heurte la toile et un grand jour se fait. Je comprends.

La neige, amoncelée sur ma tente, glisse au choc.

Nous sommes bloqués.

*
* *

Je sors. Il neigeait à plein ciel. La plaine est blanche à perte de vue. Il y en a trente centimètres sur le sol.

Je cours au rapport.

Le colonel veut marcher quand même.

Il fallut culbuter les tentes pour arracher les hommes, que l'engourdissement clouait dans leurs couvertures.

Les chameaux ne veulent pas se lever. On leur met en vain le feu à la queue. Ils crient, se lamentent, mais ne bougent pas.

Force nous fut de rester là vingt-quatre heures de plus.

Et moi qui croyais que la neige ne tombait qu'en Europe !

***

C'est le premier de l'An. Bonne affaire : aucune carte à envoyer.

Et pourtant je devrais le faire, car le colonel m'a nommé adjudant il y a quelques jours.

Mes nouvelles fonctions me font plaisir, mais le service de grande semaine, qui m'incombe, ne me donne aucun instant de répit.

C'est pendant une excursion à Kef-Saffa, que le colonel m'a nommé adjudant.

La neige m'avait été contraire en novembre dernier. Quelques jours après, mes genoux prenaient du ventre et un ventre d'un rouge violacé et poli comme du marbre. Et des douleurs à faire hurler.

Je ne dormais plus la nuit, et le jour je me traînais en glissant soigneusement les pieds sur le sol entre les touffes d'alfa. Impossible de me servir de mes rotules. Rien ne fonctionnait.

J'étais bien hypothéqué.

Et monter sur un cacolet, fallait pas y songer. Un sergent-major de la légion, en colonne et proposé pour officier, monter sur un bourriquot ! Allons donc, jamais de la vie !

Je marchais, mais je n'en menais pas large.

Pendant les haltes, je rattrapais le temps perdu en prenant un peu d'avance sur la colonne, qui me laissait en arrière à la halte suivante.

* *

Le colonel, qui naviguait partout,

m'avise un jour et m'ordonne de monter sur un mulet d'ambulance.

Je ne réponds rien, mais je continue à me traîner.

Le lendemain, le colonel, qui y tenait, m'interpelle de nouveau :

— Je vous avais dit de monter sur un cacolet, sergent-major ?

— Oui, mon colonel, mais ça va mieux, maintenant.

— Oh ! très bien, alors, répond-il.

Le soir, j'étais nommé adjudant, et à ma compagnie même, où il y avait une vacance par organisation.

Je l'aurais embrassé, notre colonel.

Je fus guéri moralement, mais mes genoux se rebiffèrent encore pendant quelques jours.

*
* *

Et aussi, quelles étapes ! Quarante-deux kilomètres par jour en moyenne.

Du matin à la nuit jusqu'au soir à la nuit. Et huit jours de vivres sur le sac.

C'est vrai que je ne portais pas le sac, mais, à l'arrivée, je me payais trois ou quatre kilomètres de plus que les camarades pour aller communiquer les ordres aux avant-postes ou ailleurs.

Le colonel était dur en route.

— Les coups de fusil sont rares ici, mettait-il au rapport, nous nous battons à coups de kilomètres. Il s'agit donc de marcher. Le médecin ne reconnaîtra malades que les hommes qui le sont réellement. La fatigue et les maux de pieds ne sont pas considérés comme maladies. Les hommes qui persisteraient à se faire porter malades sans cause seront dépouillés de leurs vivres, fusils et cartouches, et abandonnés dans la plaine.

Il n'y a pas à dire, il fallait marcher et nous marchions.

Pendant cette excursion, qui dura vingt jours, nous laissâmes ainsi une quinzaine d'hommes en arrière, mais tous rejoignirent, plus tard, sains et saufs.

Le colonel, sous cette apparence rigide, cachait son jeu.

Aussitôt qu'on lui signalait un homme laissé en arrière, il détachait un ou deux goumiers qui nous le ramenaient le soir à l'étape.

Et chaque homme, paraît-il, rapportait à l'Arabe un louis, que le colonel payait de sa poche.

Mais c'était là un secret qui ne transpirait pas.

*
* *

Notre chef ne se ménageait guère non plus.

Tout le service reposait sur lui. Il faisait sonner le réveil lui-même, afin que personne ne fût préoccupé pendant le sommeil.

Il avait trois chevaux qu'il montait

à tour de rôle pendant la journée. Galopant à droite, à gauche, en avant, en arrière, il était partout à la fois.

Le soir, il rentrait sous la tente deux heures après les autres, quand tout le monde était installé.

Après un repas rapide, il écrivait des lettres aux diverses colonnes qui agissaient de concert avec lui et chaque lettre, en triple expédition. Tous les soirs ainsi jusqu'à une ou deux heures du matin.

Puis tout habillé et botté, il s'étendait pour dormir un peu.

A trois heures et demie, il était debout et réveillait le clairon de garde qui campait à côté de sa tente, pour lui faire sonner le réveil d'un seul coup de langue prolongé.

Et cette vie-là durait des quinzaines entières.

*
* *

Toujours soucieux de donner aux

hommes tout le repos possible, il avait simplifié le système des avant-postes.

Chaque compagnie envoyait seulement une escouade à deux cents mètres en avant de son front. En cas d'alerte, — ce qui arrivait souvent, — la section seule, à laquelle appartenait l'escouade, se portait aux faisceaux et attendait des ordres et les trois autres continuaient à reposer.

L'ordre de marche également avait été amélioré.

Au lieu de marcher en carré, en compagnies entières déployées, il faisait marcher par section et par le flanc.

Une fraction de la colonne gardait le convoi et avait ordre de le tenir toujours groupé, et l'autre fraction, avec l'artillerie, formait un échelon de combat cheminant sur le flanc menacé.

La cavalerie, le goum et une compagnie franche, organisée par lui et composée de cent hommes d'élite sans sac et à dos de mulet, précédaient la colonne à une journée d'avance.

Colonne proprement dite.

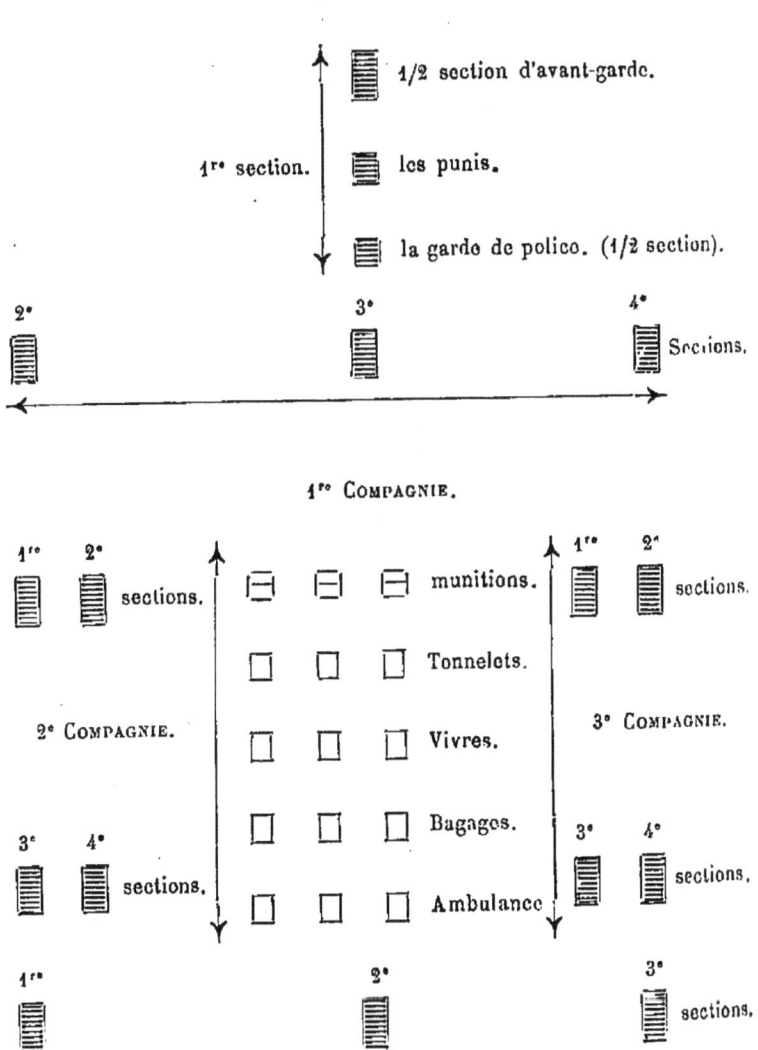

Echelon de combat, sur le flanc menacé.

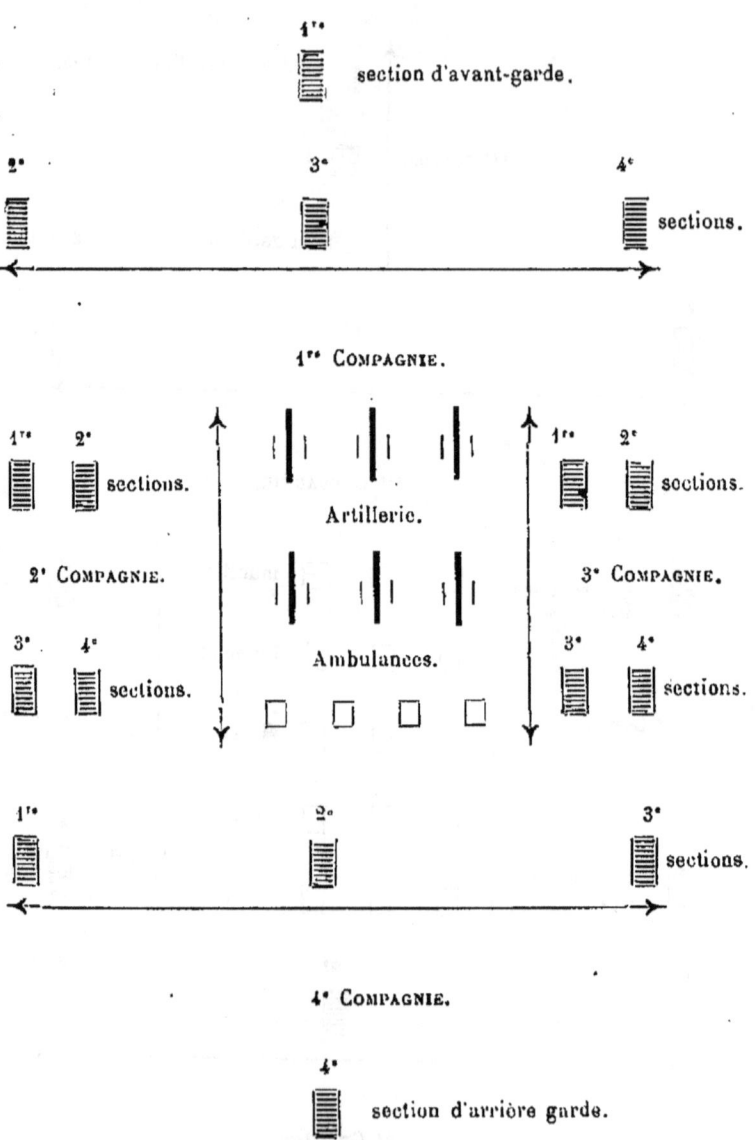

20..

Cette compagnie franche nous fut d'un grand secours.

En cas d'attaque, toutes les compagnies s'arrêtaient et se déployaient face à l'extérieur. L'échelon de combat parait aux éventualités, et, au convoi, on attendait des ordres pour agir, tout en faisant masser et coucher les animaux de transport et les conducteurs.

La fatigue était moindre et la sécurité plus grande.

Avec l'ancien ordre de marche, on déployait une compagnie de deux cent cinquante hommes sur un seul rang.

Rien de plus pénible que de marcher à peu près alignés dans de pareilles conditions.

Dans la formation par le flanc, les hommes suivent machinalement ceux qui les précèdent sans aucune préoccupation de garder l'alignement ni les distances. En cas d'attaque, on est déployé en un instant.

* *
*

Nous étions en route depuis huit jours et quelle fatigue, mon Dieu, quelle fatigue !

Et ces pouilleux-là qui se sauvaient toujours !

Ils savent bien ce qu'ils font, car il est plus pénible de se sentir mourir lentement sous le poids des kilomètres interminables, que de recevoir de bons coups de fusil qui fouettent le sang et nous font oublier la fatigue, la faim et les misères de toutes sortes.

Ce que c'est triste de marcher dans la plaine !

Le matin, au départ, on voit l'alfa et le thym qui vont se perdre au loin et se confondre avec le ciel en tous sens. Le midi, le soir, à chaque instant, même spectacle. Pas un accident de terrain, pas un être vivant, une solitude continuelle, accablante, une immensité implacable qui nous étreint dans un ennui immuable.

Pour deux sous nous aurions donné notre vie. Facile à comprendre que celle des autres ne nous était guère sacrée : elle ne valait pas une chiquenaude.

L'âme gonflée de fiel, la rage au cœur, nous n'aurions reculé devant rien.

* *

Enfin, nous apprenons que notre avant-garde est venue en contact avec les contingents de neufs douars des Embarecks, Doui-Menia, Beni-Guils et Ouled-Sidi-Cheik sous les ordres de Si-Sliman.

Surpris dans leur campement, ils avaient d'abord fait assez bonne contenance contre la cavalerie, mais ils filaient bientôt en voyant les cent hommes de la compagnie franche mettre pied à terre et leur envoyer des feux de salve.

Abandonnant femmes, enfants, vieillards et tous leurs troupeaux, les cavaliers s'étaient évanouis dans le désert.

Les chasseurs d'Afrique, qui se rappelaient toujours le sort de leurs malheureux camarades à Chellala, avaient tout sabré.

*
* *

Nous arrivons sur les lieux. Des cadavres partout, une centaine de cavaliers, des vieillards, des femmes et des enfants gisaient derrière les touffes d'alfa; vingt-deux mille moutons, douze cents chameaux et cent trente-neuf tentes étaient tombés en notre pouvoir.

Le colonel donne l'ordre de brûler tout ce que nous ne pouvons pas emporter.

Des tapis, des *telliss*, des tentes, des centaines de sacs de dattes sont empilés et incendiés.

Des milliers d'agneaux et de chevreaux sont attachés près des tentes à d'immenses cordes d'alfa pendant que les troupeaux vont au loin à la pâture.

Il faut les tuer car ils ne peuvent suivre. On les assomme à coups de crosse, on les perce du sabre et de la baïonnette, mais ils sont trop nombreux et la besogne tire en longueur.

On trouve un autre moyen. Armés d'une forte matraque, on joue du moulinet. Chaque coup fait voler en éclats trois ou quatre petites têtes inconscientes et marque bientôt le long de la corde un sillon sanglant moucheté de morceaux de crâne et de cervelle.

On se grise, on perd la tête dans cette orgie du massacre.

Pénible nécessité, car il faut faire le vide autour des révoltés. C'est en les ruinant, en les affamant qu'ils se soumettront.

* *

Ce matin, après un jour de repos, nous reprenons le chemin du retour.

Les Arabes sont revenus sur nos talons et nous tiennent de près. La nuit, ils nous tirent des coups de fusil sans beaucoup de résultats.

L'arrière-garde a l'ordre de tuer toutes les bêtes qui ne peuvent suivre.

Le deuxième jour, les

goumiers amènent au colonel un pauvre diable, hâve, les yeux caves, à moitié mort de faim.

C'est un espion qui s'était faufilé la nuit dans notre camp.

Le colonel ordonne de le fusiller immédiatement.

Je suis adjudant de grande semaine et cette corvée m'incombe.

Je fais ficeler l'Arabe avec une corde de tente, les deux mains derrière le dos, et, prenant quatre hommes, les premiers venus, je conduis le condamné vers un mamelon, tenant par une extrémité la ficelle qui le lie.

Il marche d'un pas ferme, mais sa figure anxieuse se détourne et ses yeux hagards sont fixés sur les canons menaçants des fusils.

Arrivé à une petite dune de sable, je le lâche. Il prend sa course, regardant toujours derrière lui, cambrant instinctivement les reins comme pour se garer des coups.

Quatre coups de feu partent et une balle l'attrape au vol à la base du crâne. Il fait une pirouette comme un clown de cirque et retombe lourdement sur le dos. Il était tué raide.

***

Pendant ce temps, le colonel avait fait faire une pancarte en arabe ainsi conçue :

« Voilà le sort qui attend tous ceux qui osent venir m'espionner. Peine inutile d'ailleurs. J'ai mille fusils sous mes ordres. Je serai demain à tel endroit où je ferai séjour. Je lance le défi de venir m'attaquer à tous les Arabes de la plaine. »

Puis, faisant mettre le cadavre de l'espion bien en évidence sur le sommet de la dune, il ordonne de le couvrir de son burnous qu'on maintient étendu avec des pierres aux angles et auquel on fixe la pancarte avec des épingles.

**
* *

Nous continuons notre route sans autre incident que la réception d'un courrier, le premier depuis quinze jours.

Très belle musique, la sonnerie du clairon qui annonce à la colonne l'arrivée du courrier.

Quelle joie pour ceux qui reçoivent des lettres et quelles mines attristées chez ceux qui sont déçus.

Je recevais ce jour-là des lettres de ma famille.

Ma bonne petite sœur m'annonçait son mariage et faisait des vœux pour moi, en priant Dieu de me ramener bientôt sain et sauf, pour m'embrasser et me donner le gros baiser qu'elle déposait dans sa lettre.

Cette chère petite sœur, si elle avait vu en ce moment comme j'étais fait, je ne sais même pas si elle m'aurait reconnu.

Départ pour le Tonkin

Quelle joie au camp !

Nous apprenons à l'instant que notre bataillon est désigné pour aller au Tonkin.

Il y aura de la bonne besogne là-bas, et — qui sait — le galon de sous-lieutenant peut-être au bout de tout cela ?... Et la croix ?...

. . . .

Ici s'arrêtent les notes de mon camarade.

Je les ai fidèlement transcrites, en respectant leur cachet de terroir. Au lecteur de juger si elles valaient la peine d'être imprimées.

TABLE DES MATIÈRES

	Pages.
A Théo-Critt	5
Notes d'un légionnaire	7
Premières impressions	11
Débuts	25
Caporal	35
Fourrier	49
Sergent	61
La dame noire	73
En détachement	85
Ma baraque	97
Une fête	111
Sergent-major	125
La belle juive	151
Etapes	169
Les manœuvres	185
La punaise	213
Le Canadien français	223
Impressions de marche	235
Impressions de garnison	253
En route de nouveau	283
Combat de Chellala	311
La colonne de Négrier	335
Départ pour le Tonkin	367

Paris et Limoges. — Imp. milit. Henri Charles Lavauzelle.

Librairie militaire Henri Charles-Lavauzelle
Paris, 11, place Saint-André-des-Arts.

D'ESTOC ET DE TAILLE, poésies patriotiques. par Georges de Lys. — Volume in-32 de 88 pages, broché.................................. » 50
    Relié toile anglaise.. » 75

INTIMITÉS. — SOURIRES ET LARMES, poésies. par F.-J. Mons, officier d'administration. — Volume vélin teinté................ 2 »

CHANTS MILITAIRES. CHANSONS DE ROUTE ET REFRAINS DE BIVOUAC, par le capitaine du Fresnel, du 62ᵉ de ligne. — Volume in-32 de 56 pages, broché.. » 50
    Relié toile anglaise.. » 75

SONNERIES ET MARCHES du réglement du 29 juillet 1884 sur les manœuvres de l'infanterie, avec paroles du capitaine du Fresnel. — Volume in-32 de 96 pages, broché.................................. » 50
    Relié toile anglaise.. » 75

LES MANŒUVRES D'AUTOMNE; CE QU'ELLES SONT, CE QU'ELLES DEVRAIENT ÊTRE. — Volume in-8º de 64 pages.......................... 2 »

L'ARMÉE ET LA PLOUTOCRATIE, par le capitaine NEMO. Réponse à l'article de la *Revue des Deux-Mondes*, intitulé l'*Armée et la Démocratie*. — Brochure in-8º.. 1 »

LA FRANCE EST PRÊTE! en réponse à l'ouvrage : *Pourquoi la France n'est pas prête*. — Brochure in-8º................................ 2 »

LA PROCHAINE GUERRE FRANCO-ALLEMANDE, réponse au colonel Kœtschau, par un zouave en activité de service. — Brochure in-8º de 38 pages.. 1 »

L'EUROPE ACTUELLE ET LA PROCHAINE GUERRE (P. Ruggeri), traduit de l'italien par J. POGGI, sous-lieutenant au 14ᵉ de ligne (unique traduction française autorisée). — Vol. in-18 de 252 p., broché. 3 50

L'ALLIANCE RUSSE, réponse à M. le colonel Stoffel, par le colonel VILLOT. — Brochure in-8º de 72 pages.................................. 1 50

LA GUERRE, L'EUROPE ET LES COALITIONS, ouvrage accompagné d'une carte hors texte. — Brochure in-8º de 72 pages............ 1 25

Les batailles imaginaires. — LA BATAILLE DE LONDRES EN 188.., par A. Garçon. — Brochure in-8º de 48 pages........................ 1 25

Les batailles imaginaires. — LE COMBAT NAVAL DE PORT-SAÏD EN 1886, entre les flottes alliées de France et de Turquie contre celle d'Angleterre, par A. Garçon. — Brochure in-8º de 128 pages.... 2 50

COMMENT LA FRANCE CONQUIT L'ANGLETERRE EN 1888. Récit des batailles et combats divers qui amenèrent cette conquête, d'après l'allemand de Spiridion Gopcevic, par H. Buchard, lieutenant de vaisseau. — Brochure in-8º de 84 pages............................ 2 »

La Triple-Alliance en Europe. — L'AUTRICHE-HONGRIE DANS LA PROCHAINE GUERRE. — Brochure in-8º de 88 pages............ 1 50

LA RUSSIE ET L'INVASION DE L'INDE, par Pierre Lehautcourt. — Brochure in-8º de 24 pages.. » 60

ARMÉES ÉTRANGÈRES CONTEMPORAINES : Europe, Asie, Afrique, Amérique, Océanie, par A. GARÇON. — 2 volumes in-32, brochés. 1 »
    Reliés toile anglaise.. 1 50

Le catalogue général est envoyé *franco* à toute personne qui en fait la demande.

www.ingramcontent.com/pod-product-compliance
Lightning Source LLC
Chambersburg PA
CBHW070442170426
43201CB00010B/1191